鉄骨置屋根構造の
耐震診断・改修の考え方

一般社団法人 日本建設技術高度化機構
鉄骨置屋根構造耐震研究編集委員会 編

技報堂出版

書籍のコピー，スキャン，デジタル化等による複製は，
著作権法上での例外を除き禁じられています。

はじめに

　2011 年東日本大震災から早や 4 年が経過した。多くの沿岸諸地域が大津波により甚大な被害を受けたが，再建はまだその途上にある。一日も早い復興と新たな発展を祈りたい。

　建築被害に関しては，津波被害があまりにも大きかったため，地震動による被害がやや隠れてしまった感もある。主体構造の被害については，1981 年の建築基準法改正や 1995 年阪神淡路大震災の後の耐震診断・改修の促進によって，かなり軽減されたと考えられる。しかし，天井落下などの非構造材の被害により死傷者が出るなど，これまでの耐震設計の盲点と思われる被害が多数生じた。このような地震時と地震後の建物の安全・機能維持の問題は，今回の地震で示された大きな課題の一つと言えよう。

　とくに，地震後の避難施設として使われるべき体育館に，鉄骨屋根部と RC 軸組部の接点の被害や非構造壁の振動被害などが発生し，そのために使用不能となり，避難所としての機能を果たし得なかった事例が多数生じた。これは社会の防災上きわめて重大な問題であり，今後その原因究明と被害防止について十分の検討が必要と考えられる。被害を生じた建物はいずれも類似の構造のものであり，以下これを鉄骨置屋根構造と呼ぶ。

　建築研究振興協会東北分室（分室長　田中礼治）では，東北耐震診断改修委員会の中に鉄骨置屋根耐震検討 WG を設けて，東日本大震災における鉄骨置屋根構造の被害に関する調査を行った。その結果を基に，2012 年「東日本大震災における鉄骨置屋根構造の被害調査報告書」を刊行し，同年 8 月東京の日本建築会館において報告会を開催した。

　更に，鉄骨置屋根構造の被害原因の分析と耐震診断の指針の検討のため，2013 年より建築研究開発コンソーシアム内に鉄骨置屋根構造の耐震性能に関する研究会（委員長　柴田明徳）を組織し，研究・分析を進めた。また，仙台において技術 WG を随時開催し，被害分析の検討を行った。

　この検討の成果を基に，「鉄骨置屋根構造の被害分析および耐震診断の進め方」を取りまとめて 2013 年 9 月に，また，さらにその耐震診断および改修の諸問題について東京および仙台における研究会で検討を加え，「2014 年度鉄骨置屋根構造に関する研究会報告書」として取りまとめて 2015 年 3 月に，東京晴海の建築研究コンソーシアムにおいて報告会を開催した。

　この度，それらの研究成果をもとに「鉄骨置屋根構造の耐震診断・改修の考え方」を取りまとめ，技報堂出版より出版することとした。

　これから，鉄骨置屋根構造の既存体育館等の耐震診断，改修を行うことがあれば，本書を御一読いただき参考にしていただければ幸いである。

編集委員会

委員長	柴田　明徳	東北大学名誉教授
副委員長	竹内　徹	東京工業大学教授
幹　事	田中　礼治	東北工業大学名誉教授
委　員	小野瀬順一	東北工業大学名誉教授
	山下　哲郎	工学院大学教授
	木村　秀樹	(株)竹中工務店
	川邉　祥一	(株)構造システム
	安岡　千尋	(株)竹中工務店
	平塚正一郎	(株)コンステック

執筆者一覧

小野瀬順一　東北工業大学名誉教授（2.1, 3.1）
川邉　祥一　(株)構造システム（2.1, 3.1）
木村　秀樹　(株)竹中工務店（2.3, 3.3）
柴田　明徳　東北大学名誉教授（はじめに）
竹内　徹　東京工業大学教授（第1章, 2.2, 3.2, A1.3, A1.4）
田中　礼治　東北工業大学名誉教授（A1.1, A1.2, おわりに）
平塚正一郎　(株)コンステック（A1.1）
安岡　千尋　(株)竹中工務店（2.3, 3.3, A1.2）
山下　哲郎　工学院大学教授（A2.1）

（2015年8月現在，五十音順，敬称略，（　）内は執筆担当）

目　　次

第1章　鉄骨置屋根構造の耐震診断・改修の考え方 ——————————— 1

1. 総　則 ……………………………………………………………………………… 2
　1.1　本指針の位置づけと適用範囲 ……………………………………………… 2
2. 建物の調査 ………………………………………………………………………… 8
　2.1　一　般 ………………………………………………………………………… 8
　2.2　予備調査 ……………………………………………………………………… 8
　2.3　調査項目 ……………………………………………………………………… 8
　2.4　設計図書がない場合の調査 ………………………………………………… 9
3. 構造モデルの設定 ………………………………………………………………… 10
　3.1　一　般 ………………………………………………………………………… 10
4. 想定地震力 ………………………………………………………………………… 12
　4.1　一　般 ………………………………………………………………………… 12
　4.2　想定地震力 …………………………………………………………………… 12
　4.3　想定地震動（時刻歴波形） ………………………………………………… 17
5. 応答量推定と耐震性能評価 ……………………………………………………… 19
　5.1　一　般 ………………………………………………………………………… 19
　5.2　動的耐震診断手法 …………………………………………………………… 19
　5.3　静的耐震診断手法 …………………………………………………………… 21
　　5.3.1　基本的な考え方 ………………………………………………………… 21
　　5.3.2　ライズのある屋根の応答評価 ………………………………………… 25
　5.4　非構造部材の安全性検討用加速度および変形 …………………………… 30
6. 耐震改修の考え方 ………………………………………………………………… 32
　6.1　一　般 ………………………………………………………………………… 32
　6.2　免震屋根構造の簡易応答評価 ……………………………………………… 33

第2章　耐震診断計算例 ————————————————————————— 37

　2.1　耐震診断計算例-1（N市市民体育館モデル） …………………………… 37
　　2.1.1　静的耐震診断手法（第1章5.3節による評価） ……………………… 37
　　2.1.2　動的耐震診断手法（第1章5.2節による評価） ……………………… 45

目　次

  2.2　耐震診断計算例 –2（茨城県N高校モデル） ······················ 50
   2.2.1　静的耐震診断手法 ··· 50
   2.2.2　動的耐震診断手法 ··· 54
  2.3　耐震診断計算例 –3（I市総合体育館モデル） ······················ 54
   2.3.1　静的耐震診断手法 ··· 54
   2.3.2　動的耐震診断手法 ··· 63

第3章　耐震改修計算例 —— 65

  3.1　耐震改修計算例 –1（N市市民体育館モデル） ······················ 65
   3.1.1　片持ち柱の控え壁による補強 ··· 65
   3.1.2　側面支承部の増設 ··· 67
   3.1.3　支承部を免震構造に変更 ··· 69
   3.1.4　まとめ ·· 76
  3.2　耐震改修計算例 –2（茨城県N高校モデル） ······················ 77
   3.2.1　支承部および屋根ブレースの補強 ·································· 77
   3.2.2　応答制御型支承による改修 ·· 78
  3.3　耐震改修計算例 –3（I市総合体育館モデル） ······················ 79
   3.3.1　耐震診断結果の概要と改修方針 ······································ 79
   3.3.2　検討条件の確認 ··· 80
   3.3.3　免震層の検討 ··· 80
   3.3.4　まとめ ·· 82

資料編 —— 85

 A1　鉄骨置屋根構造の地震被害 ·· 86
  A1.1　N市市民体育館 ·· 86
   A1.1.1　はじめに ·· 86
   A1.1.2　建物概要 ·· 86
   A1.1.3　基準階伏図・軸組図 ·· 88
   A1.1.4　被害概要 ·· 90
  A1.2　I市総合体育館 ··· 97
   A1.2.1　はじめに ·· 97
   A1.2.2　建物概要 ·· 97
   A1.2.3　伏図・軸組図 ·· 98
   A1.2.4　被害概要 ·· 100
  A1.3　茨城県N高校体育館 ·· 107
  A1.4　茨城県I高校体育館 ··· 110

A2　鉄骨置屋根支承部の実験例	112

A2.1　置屋根支承部の実験	112
A2.1.1　はじめに	112
A2.1.2　実験計画	113
A2.1.3　繰返しせん断加力に対する挙動	116
A2.1.4　耐力の評価	123
A2.1.5　まとめ	124

第1章 鉄骨置屋根構造の耐震診断・改修の考え方

1. 総則
2. 建物の調査
3. 構造モデルの設定
4. 想定地震力
5. 応答量推定と耐震性能評価
6. 耐震改修の考え方

注：この章は，鉄骨置屋根構造の耐震診断に対する考え方の一例を取りまとめたもので，以降便宜的に「本指針」と呼んでいる。本章中の図・表番号は節番号に準じて振られているので注意されたい。
　本章には，下記報告・指針案から引用された図版類が用いられている。
　　1) 日本建築学会：東日本大震災合同調査報告 建築編3, 鉄骨造建築物／シェル・空間構造，2014.9
　　2) 日本建築学会：ラチスシェル屋根構造設計指針，2016

1. 総　　　則

1.1　本指針の位置づけと適用範囲

> 本章は，学校体育館や公共スポーツホール等において，鉄骨造の大スパン空間構造が鉄筋コンクリート下部構造の上に設置されたいわゆる鉄骨置屋根構造を主な対象とし，空間構造特有の応答特性・被害特性を考慮した耐震診断・補強手法について既往の耐震診断・改修指針を補足する形で記述する。

本指針で対象とする鉄骨置屋根構造の定義

　本指針で対象とする「鉄骨置屋根構造」とは，図1.1.1に示すように学校体育館やスポーツホール等，トラス構造等で構成された鉄骨大スパン屋根が，屋根支持部まで立ち上がった鉄筋コンクリート（RC）構造の上に載った形式の構造で，特に接続部がベースプレートとアンカーボルトで構成された露出柱脚形式によるものを指す。梁間方向が鉄骨フレームで構成されているが，妻面など屋根面までRC架構が立ち上がっている構面を有するものも対象範囲内となる。鉄骨屋根は基本的に自己釣合い系の構造となっていることが多いが，支持構造隅部にスラスト力を伝達する形式のものもある。後述するように本形式の構造物は，2011年東日本大震災において支承部周りに多くの被害が発生した。本指針はこれらの被害を防止するためのものである。

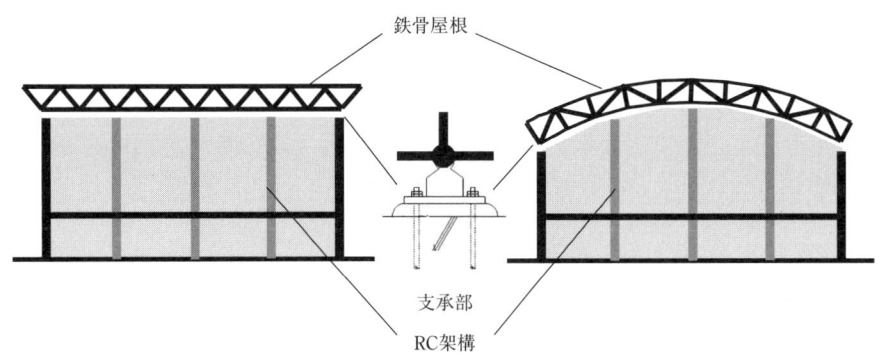

図1.1.1　鉄骨置屋根構造の定義

　現在，学校の体育館や公共スポーツホール等の空間構造の耐震診断・補強は，文献1-1.1）～1-1.2）等によって行われることが多い。これらの指針類はいずれも剛強な床面を有する重層構造の振動特性に基づき設定された耐震診断・補強方法を準用したものである。しかしながら，後述するように本指針で取り扱う空間構造では，その振動特性に重層構造と異なる部分も多く，これが実質的な耐震診断・補強を難しくするとともに，従来の指針で捕捉できない被害形態を許容する状態となっている。本指針では東日本大震災で顕在化した鉄骨置屋根構造特有の被害形態に対応し，文献

1-1.1）〜 1-1.2）の考え方をベースに，不足している部分の補足を行う。まず，空間構造特有の地震応答特性について以下に述べる。

空間構造の構造形式と地震応答特性

空間構造の代表的な屋根形状を**図 1.1.2** に示す。空間構造の屋根はこれらの形状に広く分布しているが，屋内競技場，学校体育館に関しては長方形平面を覆う屋根形状として（b）円筒シェル，（c）山形フレーム，（d）平板が多く見られる。これ以外に寄せ棟，方形形状も多く採用されている。

鉄骨ラチス屋根の代表的な構成要素を**図 1.1.3** に示す。スパン 30 m 以下の小規模シェル・空間構

（a） ドーム

（b） 円筒シェル

（c） 山形フレーム

（d） 平 板

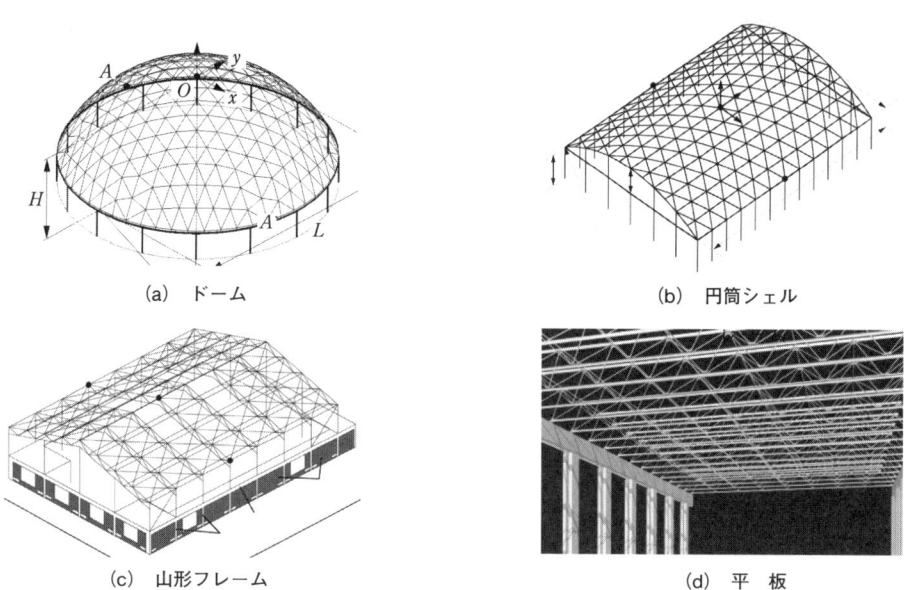

図 1.1.2 空間構造の屋根形状 [1-1.7)]

（a） 単層ラチス

（b） 複層ラチス

（c） システムトラス

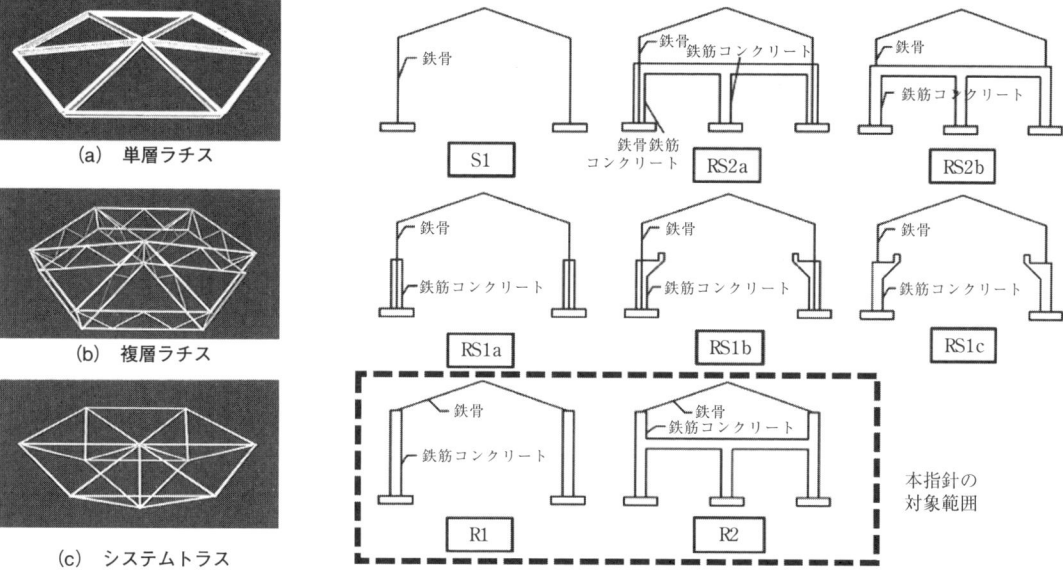

図 1.1.3 ラチス屋根の構成要素 [1-1.7)]

図 1.1.4 体育館の構造種別 [1-1.7)]

造では単材フレームで屋根が架け渡されることが多い。これに対し、スパンの大きい中大規模のシェル・空間構造ではトラス梁を格子状に組み合わせたフレームシステムか、ボールジョイントを用いた立体トラスによるユニットシステムが用いられる例が多い。

文献1-1.1)による学校体育館の構造種別の定義を図1.1.4に示す。屋根部の構造種別はほとんどが鉄骨造である。これに対し、下部支持構造が鉄骨造であるS型、下部支持構造が鉄筋コンクリート造であるR型、支持構造の上部が鉄骨、下部が鉄筋コンクリート造であるRS型等に分類されている。また、これ以外に屋根架構まで鉄筋コンクリート造で建設された体育館も見られる。本指針で対象とするのは図1.1.4中のR1、R2の形式であり、本形式の構造を以降「鉄骨置屋根構造」と呼称することとする。

このようなシェル・空間構造の応答性状は、一般的な重層構造と異なることが知られている[1-1.3]。例えば、ライズを有する屋根では図1.1.5に示すように水平地震入力に対しても鉛直応答が励起され、屋根トラスを座屈させたり天井・照明等の取り付け部材を損傷・落下させる要因となる。図1.1.6に円筒ラチスシェルおよび山形屋根架構の卓越振動モード例を示す。屋根が鉛直方向にも大きく振動する様子がわかる。

鉄骨屋根が壁付き鉄筋コンクリート造の独立柱の上に置かれている置屋根形式の構造では、RC独立架構が構面外に応答変形し、鉄骨屋根との支承部・接続部を破損させたと考えられる被害例が多く見られる。また、妻面が壁付き鉄筋コンクリート造、内部が鉄骨フレームの組み合わせになっている体育館では、それぞれの層間変形が大きく異なり、境界部の屋根ブレースを座屈・破断させたり支承部を破壊することにつながりやすいと考えられる。これらは剛床仮定の成り立たないシェル・空間構造特有の応答特性と言える。

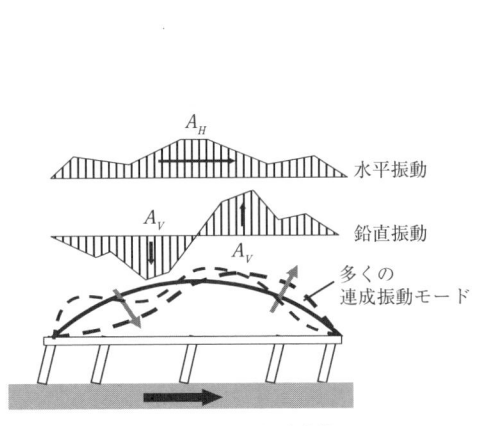

図1.1.5 水平入力下の鉛直応答

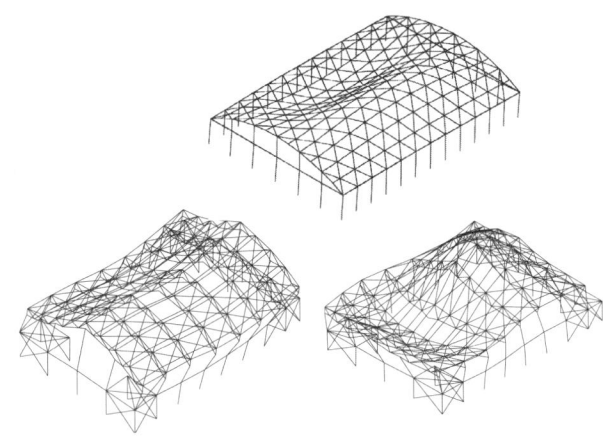

図1.1.6 円筒シェル・山形屋根架構の卓越振動モード例[1-1.7]

鉄骨置屋根構造に共通に見られた被害

空間構造特有の応答特性を認識したうえで、東日本大震災において鉄骨置屋根構造に共通に見られた被害について概括する[1-1.7]。

(1) 支承部の破壊

鉄骨屋根構造を支持する下部構造が鋼構造の場合には、柱脚は通常の鉄骨造建物と同様に露出柱脚または根巻き・埋め込み柱脚の納まりとなる。しかし、支持構造が鉄筋コンクリート造で鉄骨架

構が置屋根形式となる場合には，屋根架構が直接コンクリート柱頭またはコンクリート梁に定着されることが多い。この際の納まりは，図1.1.7に見るようにアンカーボルトとベースプレートを用いた露出柱脚に近い支承部となる場合がほとんどである。その際，1）ベースプレートのアンカー孔を通常孔とし（孔に詰め物をすることもある），ピン支承とし設計する，2）ベースプレートのアンカー孔をルーズホールとし，1方向または2方向のローラー支承として設計する（ベースプレート下にはステンレス板，テフロン板等を敷きこみ，摩擦係数の低減を図る場合が多い）等の方式が一般的に用いられている。

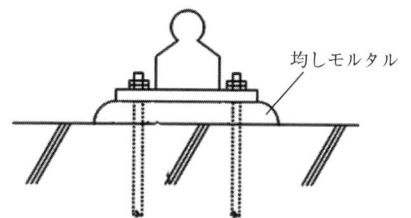

図1.1.7 典型的な鉄骨屋根支承部の納まり

　今回の空間構造の震害例では，屋根架構以上に支承部での被害が数多くみられた。その破壊形式は支承部の水平移動等により，a）アンカーが破断する形式，b）アンカー定着部の被りコンクリートが側面破壊，剥落する形式（図1.1.8）またはc）均しモルタルが粉砕される形式（図1.1.9）に大きく分類される。こういった被害例は阪神・淡路大震災以来共通して報告されてきたが，それ以降に設計・建設された新しい建物においても今回の地震で多くの同様の被害例が報告された。改善があまり見られない理由として以下の要因が考えられる。

① 鉄骨屋根と支持RC構造の設計プロセスおよび設計担当者が異なることが多く，境界部となる支承部の納まり（アンカー周りの配筋等）が設計時に十分に検討されていない場合が多い。
② 鉄骨屋根は鉄骨業者が製作・建方を行う一方で，支持RC構造およびアンカーボルトセットは元請建設会社により行われ，アンカー部の精度やモルタル厚等の管理に課題が残る。支持RC架構の精度の調整に均しモルタルを厚盛りする処置も多く行われる。
③ 支承部のせん断耐力の検討，特に定着アンカーの側方破壊に対する検定が行われていない。
④ 空間構造特有の地震応答特性を考慮した支承部に加わる反力，変形が適切に評価できていない。例えばライズを有する屋根構造は水平入力に対しても逆対称モードの鉛直応答を生ずることが知られ，片持ち状態となっているRC支持架構の挙動と合わせて，支承部にせん断力だけでなく回転曲げを与える可能性が指摘されている[1-1.8]。
⑤ 屋根支承部の設計には鉄骨柱脚の設計方法が流用されることが多い。しかし一般的な鉄骨柱

図1.1.8 定着部側面破壊（側方破壊）[1-1.7]

図1.1.9 定着部破壊（モルタル粉砕）[1-1.7]

脚と比較し屋根支承部では曲げモーメントに対しせん断力が卓越する傾向が強く，十分な摩擦抵抗力が得られないままにベースプレートが滑動してアンカーボルトを降伏させ，繰り返し変形下で均しモルタルを分離・破壊・粉砕する危険性があることが実験で明らかになってきている（資料編 A2）。

③の定着アンカーボルトの側方破壊に対する検定は日本建築学会「各種合成構造設計・施工指針（2011）」[1-1.9] などに基づき検討できるが（図 1.1.10），これらの検定が 2011 年の同指針改定まで一般化していなかった点も被害が改善されなかった一要因と考えられる。こういった支承部では安定した塑性繰り返し

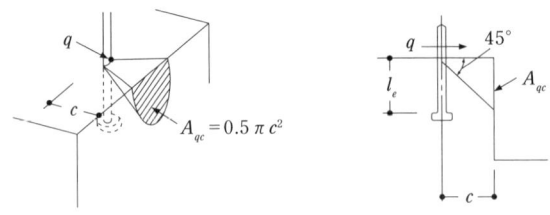

図 1.1.10　定着部側面破壊の検討

変形性能が期待できないため，2 次設計に際し接合部は終局耐力で照査し，接続される部材の降伏耐力以上で設計する（保有耐力接合）か，架構の他の部位で安定的に崩壊メカニズムが形成されるように配慮する必要があるが，2 次設計または保有耐力確保のための支承部の検定または仕様規定が要求されてこなかった点も原因の一つと思われる。

(2)　RC 片持架構の構面外応答

東日本大震災では，屋根部および支承部の被害と比較し，空間構造の RC 支持構造の耐震壁や柱がせん断破壊した事例は少なかった。稀に屋根が RC 構造の学校体育館では妻面柱周りの雑壁がせん断破壊した例が見られたが，鉄骨屋根のシェル・空間構造では RC 支持構造の耐震壁では，わずかなひび割れが観察される程度の被害であることがほとんどであった。一方，鉄骨屋根が RC 支持構造の上部に設置された置屋根形式の鉄骨置屋根構造では，RC 支持構造が鉄骨屋根と先端で接続された高さ 10 m 前後の片持形式の壁付き架構となっている場合が多い。学校体育館等では，妻面架構の多くがこの片持壁付き架構となっている。この部分が図 1.1.12 に示すように面外方向に振動応答して柱の曲げ破壊や支承部破壊に至ったと思われる事例が多く見られる。屋内競技場，学校体育館等のシェル・空間構造では，ギャラリー部に床がなく，また屋根レベルにも必ずしも高い面内剛性が確保されているわけではないため，一般的に剛床仮定が成立しない。このため，重層構造と異なる振動応答モードが励起される可能性がある。先述した第 2 章の被害報告例においては，これらの片持架構が構面外に振動したことによると考えられる被害が多く見られる[1-1.7),1-1.8)]。例えば支承部の破壊に RC 妻面の構面外変位の影響が疑われるものには茨城県 I 高校体育館，茨城県 M 高校体育館，宮城県 M 町トレーニングセンター体育館，茨城県 N 高校体育館等が挙げられる。特

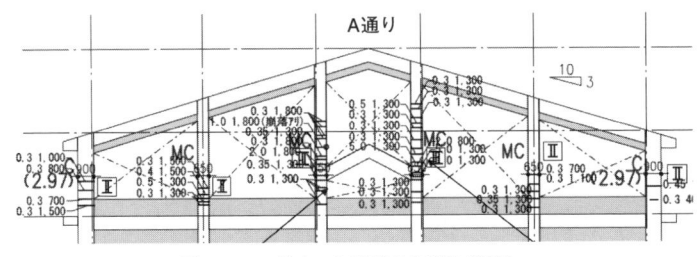

図 1.1.11　独立 RC 架構の曲げひび割れ

に宮城県 M 町トレーニングセンター体育館では図 1.1.14 に見るように鉄骨屋根架構と RC 架構との接続部が破壊され片持架構が 200 mm 程構面外変形した状態で残留しており，茨城県 N 高校体育館では図 1.1.11 に見るように接続部の破壊，妻面近傍の屋根ブレースの座屈とともに独立柱に多くの曲げひび割れが観察されるなど，片持 RC 架構の構面外応答を示唆する形跡が数多く残っている。

次項より，これらの鉄骨置屋根構造に対する耐震診断方法について概説する。

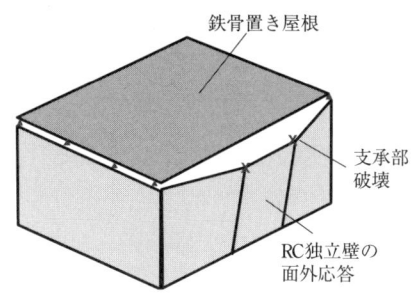

図 1.1.12　片持ち RC 架構の面外応答変形 [1-1.7]

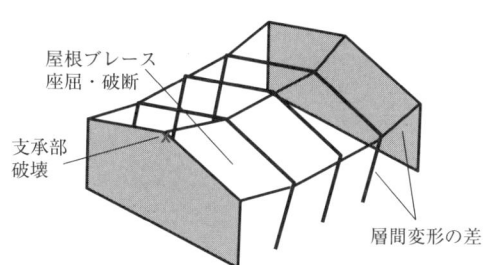

図 1.1.13　RC 架構と鉄骨架構の層間変形差による被害 [1-1.7]

図 1.1.14　片持ち RC 架構の面外残留変形 [1-1.7]

2. 建物の調査

2.1 一　　般

> 建物の調査は，耐震診断を行う際に必要となる建物の力学的性質を確認するために，現地調査，設計図書収集，材料試験など適切な方法によって行う。

耐震診断に先立ち，対象となる建物の現地調査および材料試験，設計図書との照合を行う。実際に建設された建物が設計図書と一致していない場合も多いため，現況に対する診断を行うための現地調査は必須である。具体的方法については，文献 1-2.1) 等の既往の耐震診断指針に準拠する。

2.2 予備調査

> 本指針によって耐震診断を行う場合には，適切な予備調査を実施し，本指針適用の可否を検討する。

本指針は鉄骨屋根架構が RC 架構の上に載った鉄骨置屋根架構に関する耐震診断指針である。設計図書，現地調査により対象建物が鉄骨置屋根架構に該当することを確認する。なお，鉄骨ラーメン構造でも RC 妻壁がある場合などは適用範囲内となる。

2.3 調査項目

> 建物の調査は，耐震診断において必要となる以下の調査項目などについて実施する。
> (1) 構造モデルを設定するために必要な，構造部材および非構造部材の材料強度，断面寸法，配筋状況
> (2) 構造部材のきれつ・変形の発生状況
> (3) 非構造部材の被害状況
> (4) 老朽化の程度と範囲

特に鉄骨屋根架構と RC 支持架構間の接合部，支承部の状況（アンカーボルト，均しモルタル，定着部鉄筋等）について留意し調査する。

2.4 設計図書がない場合の調査

> 設計図書がない場合あるいは不備な場合には，躯体寸法，部材寸法，配筋状況など，必要な項目を実態調査する。

設計図書は無い場合あるいは不備な場合には，現地調査，はつり調査，超音波探傷等により構造寸法，配筋状況を推定し，構造図の復元を行う。

3．構造モデルの設定

3.1 一　　般

> (1) 構造モデル（応答解析モデル）は，建物の梁間および桁行方向それぞれの水平方向の地震応答性状が適切に表されるように設定する。設定に当たっては立体モデルを基本とするが，適切な単純化を行ってよい。また，モデル化に当たっては，構成部材の弾塑性特性（降伏特性）を適切に反映させる。
> (2) 鉄骨置屋根部と鉄筋コンクリート軸組部の接合部分は，工学的判断の下で自由度を適切にモデル化する。
> (3) 非構造壁体の構造モデルは，その振動特性が適切に表されるように，剛性や減衰特性に関する調査研究を踏まえて設定する。

1) 本指針は，置屋根構造の接合部や非構造壁体など従来あまり注目されてこなかった部分の耐震性能を評価することを目的としている。したがって，全体の地震応答とともに，問題となる局部的な地震応答が適切に評価されるように，構造モデルを設定することが必要である。
2) 汎用の建築骨組応答解析プログラムを用いる場合には，骨組を構成する各部材の特性を個別に入力して骨組モデルを構築する。骨組モデルは立体モデルを基本とするが，力の流れを考慮して屋根架構および各構面の平面架構で表現することも可能な場合がある。いずれの場合も，耐力壁の取扱いや構面外方向の剛性・耐力評価に関し適切な配慮が必要である。実際の建物では，部材の種類がきわめて多くなるが，応答解析用の構造モデルでは，部材の種類も代表的なものに限定し，ある程度統一することが許容される。骨組構面もある程度の標準化と統一が許容される。また，平行弦トラスを等価な梁要素に置き換える等の簡略化も許容される。
3) 上部の置屋根と下部の鉄筋コンクリート軸組部の接合部分は，地震被害が多く見られた部位であり，工学的な判断を踏まえた適切なモデル化が必要である。一定の降伏耐力は有するが，降伏後の変形・回転が大きい場合は，ピン仮定で変形・回転量を推定する場合もあろう。
4) 置屋根構造においては，屋根版のせん断変形が軸部骨組の変形量に影響を与え，ひいては置屋根－鉄筋コンクリート軸組の接合部分の被害に影響することが考えられるので，モデル化に当たって十分に考慮する必要がある。
5) 垂れ壁，ぶどう棚などの付加2次構造部のモデル化は，今後の大きな検討課題である。付加2次構造部と主体構造部の接合形態が，応答性状に大きな影響を及ぼす可能性がある。また，付加2次構造部の地震力の主体構造への伝達状況について十分検討する必要がある。
6) 構造モデルには下記のものがあり，状況に応じて適切なモデル化を行う。
　① 3次元立体弾塑性骨組モデル
　② 2次元平面弾塑性骨組モデル（屋根剛性を考慮する場合はその並列連結系）

③ 質点系モデル（屋根剛性を考慮する場合はばね並列連結型質点系）

7) 上部屋根構造の振動応答を考慮する場合は，工学的判断の下で適切なモデル化が必要である．特にライズのある場合には水平振動に対して，屋根構造の鉛直振動モードが複数現れるので，ライズの影響に関する考慮が必要である．

4．想定地震力

4.1 一般

本指針において想定する地震力のレベルは，建築基準法施行令第 82 条 5 の限界耐力計算に定められている安全限界検討用地震力とする．地盤特性の影響の考慮が必要と認められる場合は，施行令の規定に従う．

推定応答量の評価において時刻歴応答解析が必要な場合は，安全限界検討用応答スペクトルに基づく模擬地震動を作成して使用する．また，必要に応じて実際の強震記録波形を用いる．

新築建物に対する我が国の耐震設計基準は，再現期間数十年程度の稀に遭遇する地震に対し継続使用を保証し（許容応力度設計），再現期間数百年程度の極稀に遭遇する地震に対し倒壊しない耐力を保証（保有水平耐力計算または安全限界状態検討）する終局設計の2段階よりなっている（**表4.1.1**）．本耐震診断指針における地震動は再現期間数百年程度の終局設計相当とし，この地震動に対し倒壊しない耐力を有しているかを検定する方針とするが，避難所としての使用が予定されている施設では，倒壊しないだけではなく継続使用を前提とした検定を行う必要があることに留意する．

表4.1.1 建築物性能マトリクス例

参考：Performanced Based Seismic Engineering of Buildings, SEAOC Visopn 2000, 1995

建物の状況	レベル1 再現期間43年程度の荷重 （30年超過確率50%）	レベル1.5 再現期間72年程度の荷重 （50年超過確率50%）	レベル2 再現期間475年程度の荷重 （50年超過確率10%）	レベル3 再現期間970年程度の荷重 （100年超過確率10%）	
使用継続 無被害	許容応力度 設計用荷重				
機能維持 軽微な被害 継続使用可能					← 最重要施設
人命安全 継続使用不可 修復可能			終局設計用荷重		← 重要建築物
倒壊前 修復不能					← 通常建築物

日本の耐震設計基準（最低要求性能）

4.2 想定地震力

本指針の耐震診断において用いる各層の想定地震力は次式で表される値を基本とする．

$$Q_i = Z \cdot R_t \cdot A_i \cdot F_{es} \cdot F_h \cdot C_0 \cdot W_i \tag{4.1}$$

ここに，Q_i：設計用せん断力（単位 kN）

R_t：振動特性係数

A_i：各階のせん断力係数分布

F_{es}：偏心率および剛性率により算出される形状係数（1.0～3.0）

F_h：振動の減衰による加速度の低減を表す値

C_0：設計用ベースシア係数

W_i：対象架構の層が支持する重量（単位 kN）

また，限界耐力計算に規定された下式に読み替えることができる。

$$P_i = A_s \cdot m_i \cdot B_i \cdot F_h \cdot Z \cdot G_s$$

$$A_s = \begin{cases} 3.2 + 30 T_s \, (T_s < 0.16 \sec) \\ 8.0 \, (0.16 \leq T_s < 0.64 \sec) \\ \dfrac{5.12}{T_s} \, (T_s \geq 0.64 \sec) \end{cases} \tag{4.2}$$

ここに，P_i：安全限界検討用の各階水平力（単位 kN）

T_s：構造物の安全限界固有周期（単位 sec）

m_i：各階質量（単位 ton = 10^3 kg）

B_i：各階の水平加速度分布（安全限界固有周期に応じて算出）

Z：地震地域係数

F_h：安全限界固有周期における振動の減衰による加速度の低減を表す値

G_s：表層地盤による加速度増幅率（表層地盤の種類に応じて算出する）

A_s：工学的基盤における安全限界検討用加速度応答スペクトル（単位 m/sec^2）

本指針では，建築基準法施行令第82条に規定された設計用地震力（いわゆる Ai 分布）に基づく想定地震力を対象として耐震診断を行うことを基本とする。ただし剛床仮定の成り立たない鉄骨置屋根構造では同手法の適用には限界もあるため，構造モデルの固有値解析により得られた振動モードを考慮して，適切な加速度分布を自ら想定することを原則とする。Ai 分布は下式で定義される。

$$A_i = 1 + \left(\frac{1}{\sqrt{\alpha_i}} - \alpha_i \right) \frac{2T}{1 + 3T}$$

ここに，

$$\alpha_i = \frac{\sum_{j=i}^{N} w_j}{\sum_{j=1}^{N} w_j} = \frac{W_i}{W}$$ ：最上階から i 階までの重量の和を地上部分の全重量で割った値

また，5.2節の動的応答解析法との整合性を図るため，建築基準法施行令第82条の5に規定された限界耐力計算法に基づく設計用せん断力への読み替えを許容するものとする。

限界耐力計算法における各階の水平加速度分布係数 B_i は新耐震設計法の層せん断力係数の高さ分布 A_i を各階の水平分布に読み替えたもの[1.4.1)] であり，次のように表される。

まず，各階加速度の高さ分布 b_i は次式で与えられる。

第1章　鉄骨置屋根構造の耐震診断・改修の考え方

$$b_i = \begin{cases} 1 + \left(\sqrt{\alpha_i} - \alpha_i^2\right) \cdot c \cdot \dfrac{\sum m_i}{m_N} : \text{最上階} \\ 1 + \left(\sqrt{\alpha_i} - \sqrt{\alpha_{i+1}} - \alpha_i^2 + \alpha_{i+1}^2\right) \cdot c \cdot \dfrac{\sum m_i}{m_i} : \text{最上階以外, } \sum m_i = \text{全質量} \end{cases} \quad (C4.2.1)$$

ここに，

$$c = \frac{2T_s}{1+3T_s} = \frac{2H(0.02+0.01\lambda)}{1+3H(0.02+0.01\lambda)}$$

$$\alpha_i = \frac{i\text{階以上の重量}}{\text{全重量}}$$

λ：木造または鉄骨造の階の高さの合計の全高さ H に対する比
T_s：建物固有周期
　　　鉄筋コンクリート造　$T_s = 0.02H$，鉄骨造　$T_s = 0.03H$
H：建物高さ (m)

水平加速度の分布係数は，b_i に係数を掛けた形で次のように表される。

$$M_{ud} = \frac{\left(\sum_{j=1}^{N} m_j u_{j1}\right)^2}{\sum_{j=1}^{N} m_j u_{j1}^2} \quad (C4.2.2)$$

$$B_i = pq \frac{M_{ud}}{\sum_{j=1}^{N} m_j} \cdot b_i \quad (C4.2.3)$$

ここに，p は階数および損傷固有周期に応じて定まる係数，q は有効質量比に応じて定まる係数，M_{ud} は有効質量である。均一なせん断連続体に対しては，B_i はおよそ $0.75 \sim 0.8 b_i$ となるため，$A_s \times G_s = 1.2$ m/sec^2 の加速度応答に対するベースシア係数は全体重量に対しおよそ 1.0 に相当する。したがって，ここに示された安全限界用の想定地震力は，新耐震設計法の保有耐力検討に用いる地震力（標準せん断力係数 1.0 × 振動特性係数）とほぼ同等のレベルとなり，既往の大地震で得られた代表的な強震記録とおおむね類似の性質と大きさを持つ。

基準法に定められた加速度の高さ分布 b_i は，建物を層ごとの質点系と考えた時の概括的な値である。鉄骨置屋根構造のように外周フレームと内部フレームの形式や質量分布が異なる場合には，適切な工学的判断の下に，ごく概略的な値としてこれを用いる必要がある。

表層地盤に対する増幅率 G_s に関しては，地盤種別による次の値を用いることができる。
（2000年告示第1427号）

　　第1種地盤　　1.5 − 1.35　（$0.576 <= T < 0.64$ で T に逆比例，$0.684/T$）
　　第2種地盤　　1.5 − 2.025　（$0.64 <= T < 0.864$ で T に比例，$1.5(T/0.64)$）　　(C4.2.4)
　　第3種地盤　　1.5 − 2.7　（$0.64 <= T < 1.152$ で T に比例，$1.5(T/0.64)$）

これは新耐震基準の $T_c = 0.4, 0.6, 0.8$ sec の R_t にほぼ対応している。

表層地盤倍率を考慮した安全限界加速度応答スペクトル S_a は図 4.2.1 のようになる（$Z=1$）。

なお，地盤調査に基づく表層地盤の力学特性を考慮した重複反射理論等により評価することもできるが，適切な工学的判断と十分な安全性への配慮が必要である。

減衰による応答低減係数は下式による。

$$F_h = \frac{1+10h_0}{1+10h_{eq}}, \quad ただし, \quad h_0 = 0.05$$
(C4.2.5)

構造物あるいは部材の塑性率と減衰定数の関係は柴田の提案式による[1-4.2), 1-4.3)]。

$$h_{eq} = h_0 + \gamma_1 \left(1 - \frac{1}{\sqrt{D_f}}\right)$$
(C4.2.6)

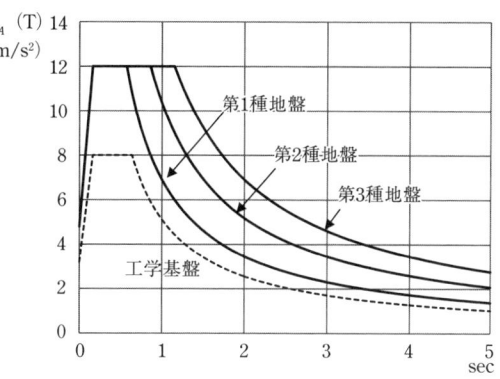

図4.2.1 安全限界加速度応答スペクトル

ここに，γ_1 は構成部材の構造形式に応じた建築物の減衰特性を表す値で，告示には次のように説明されている。

部材を構成する材料および隣接する部材との接合部が緊結された部材：$\gamma_1 = 0.25$

その他の部材または地震力が作用する時に座屈による耐力低下を生ずる圧縮力を負担する筋かい部材：$\gamma_1 = 0.2$

D_f は建築物の塑性の程度を表すもので，次式が示されている（図4.2.2）。

$$D_f = \frac{u_y Q_u}{u_m Q_y} = \frac{Q_u/u_m}{Q_y/u_y} = \frac{k_e}{k_{eq}}$$
(C4.2.7)

完全バイリニア履歴の場合には，$D_f = \mu$ となる。ただし μ は塑性率である。

ここに，Q_d は建築物の損傷限界耐力，u_y は損傷限界時の代表変位，Q_s は安全限界耐力，u_m は安全限界時の

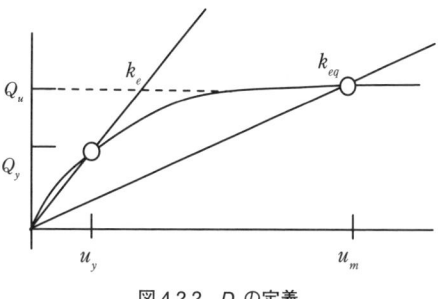

図4.2.2 D_f の定義

代表変位である。上式は，D_f が損傷限界時の等価剛性 $k_{eq} = Q_u/u_m$ と安全限界時の等価剛性 $k_e = Q_y/u_y$ の比，すなわち建築物全体の剛性低下の逆数で表されることを意味する。

塑性化に伴う応答低減指標としては，一般的に用いられる単調増加履歴下のエネルギー一定則による式（Newmark-Hall, 1973）[1-4.4)] が知られている。

$$D_s = \frac{1}{\sqrt{2\mu - 1}}$$
(C4.2.8)

式（C4.2.5），（C4.2.6）と式（C4.2.8）との比較を図4.2.3に示す。塑性化により低減された等価剛性による固有周期が速度応答スペクトル一定領域に達すると，固有周期の増加に伴い加速度応答はさらに低減される。式（C4.2.8）にこの固有周期の増加に伴う加速度応答低減効果を乗ずると，いわゆる変位一定則に近づく。

続いて文献1-4.5)に紹介されている等価線形化手法による応答低減評価を含めた比較を行う。初期剛性 k，降伏変位 u_y，2次勾配零の完全バイリニア系の履歴において，塑性率 μ の

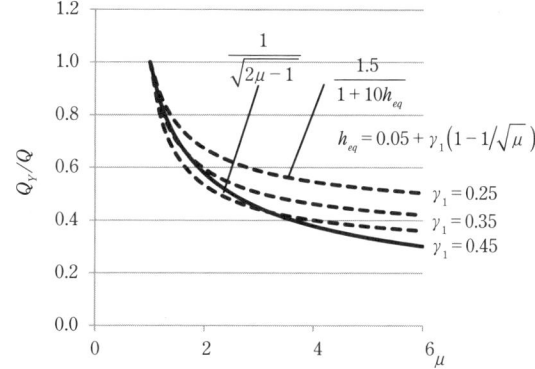

図4.2.3 塑性化による応答低減効果（せん断力-μ 関係）

変形に対する最大点割線剛性は k/μ，割線剛性に対する等価減衰定数は，

$$h' = \frac{2}{\pi}\left(1 - \frac{1}{\mu}\right) \tag{C4.2.9}$$

となる。応答振幅の変動を Newmark–Rousenblueth の平均減衰法[1-4.6]で表現すると，

$$h_{eq} = h_0 + \int_1^\mu \frac{h'_{eq}}{\mu} d\mu' = h_0 + 1 - \frac{1}{\mu} - \frac{1}{\mu}\ln\mu \tag{C4.2.10}$$

また，減衰による応答低減係数は（C.4.2.5）に代わり次式で与えている[1-4.5]。

$$F_h = \sqrt{\frac{1 + 25h_0}{1 + 25h_{eq}}}, \quad \text{（観測地震波）} \tag{C4.2.11}$$

図 4.2.4 は，式（C4.2.5），（C4.2.6）と式（C4.2.8），および式（C4.2.10）と式（C4.2.11）によるせん断力－変位関係を比較したものである。「（速度応答一定領域）」は最大点剛性による周期の増加に伴うせん断力応答の低減（$1/\sqrt{\mu}$）を考慮したものである。また，加速度応答一定領域の比較的周期の短い線でも，$\mu = 4$ 以上では最大点剛性が速度応答一定領域に入り，周期の増加に伴うせん断力応答の低減（$1/\sqrt{\mu}$）効果を考慮している[1-4.7]。図 4.2.4 を見ると，長周期化に伴う加速度応答の低減効果を考慮すると，慣用式（C4.2.6）や等価線形化法は，エネルギー一定則に類似した評価を与えることがわかる。また，速度応答一定領域の長周期建物では，おおむね変位一定則に近い評価を与えることがわかる。

各層ごとの減衰特性を集約して構造全体の減衰特性を評価する方法については，限界耐力検討に示される方法を用いることができる。また，各種の耐震診断指針で示されている靱性指標 F が与えられている場合には，崩壊メカニズムを確認した上で，その逆数 $1/F$ を限界変形時の F_h に使用することができる。

弾塑性ダンパーや粘性ダンパー等の付加減衰を付加した場合は，期待される等価付加減衰係数を h_{eq} に足しこむことで応答低減効果を評価できることが知られている[1-4.8], [1-4.9]。文献 1-4.5) において水平剛性 k_f の弾性主架構に初期剛性 k_d，塑性率 μ_d のバイリニア型弾塑性ダンパーを付加した場合

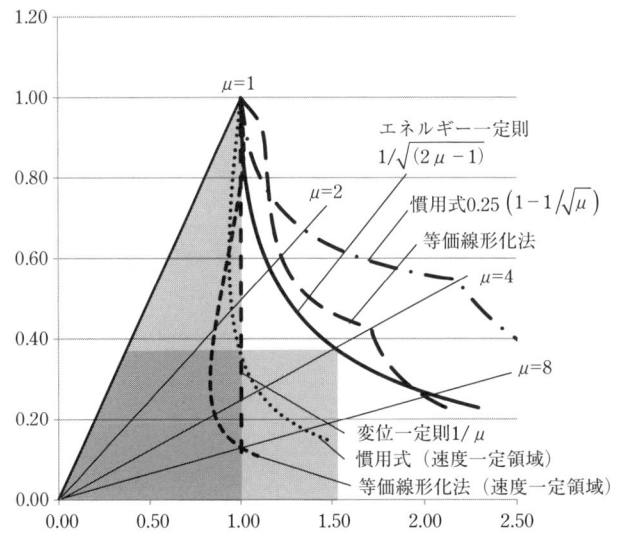

図 4.2.4 塑性化による応答低減効果（せん断力－変位関係）

の最大点剛性に対する等価減衰定数は等価線形化法により下式で表される。

$$h'_{eq} = \frac{E_d}{2\pi k_{eq}(\mu_d u_y)^2} = \frac{4(\mu_d-1)k_d}{2\pi(k_f+k_d/\mu_d)\mu_d^2} = \frac{2(\mu_d-1)k_d/k_f}{\pi\mu_d(\mu_d+k_d/k_f)} \quad (C4.2.12)$$

応答振幅の変動を平均減衰法で表現すると,

$$h_{eq} = h_0 + \int_1^\mu \frac{h'_{eq}}{\mu}d\mu' = h_0 + \frac{2(1+k_d/k_f)}{\pi\mu}\ln\frac{\mu+k_d/k_f}{(1+k_d/k_f)\mu^{\frac{1}{1+k_d/k_f}}} \quad (C4.2.13)$$

一方,バイリニア型弾塑性ダンパー付き弾性架構を図4.2.1および式(C.4.2.7)に当てはめると

$$D_f = \frac{1+k_d/k_f}{1+k_d/\mu k_f} \quad (C4.2.14)$$

となる。式(C.4.2.6)に式(C.4.2.14)を代入して求めた等価減衰定数と式(C.4.2.13)による h_{eq} を比較したものを図4.2.5に示す。上記の式より付加減衰を評価し,式(C4.2.5)または式(C4.2.11)に基づきダンパー付加による応答低減効果を評価することができる。この際,h_0 にはダンパー付加前の等価減衰を評価して用いる。

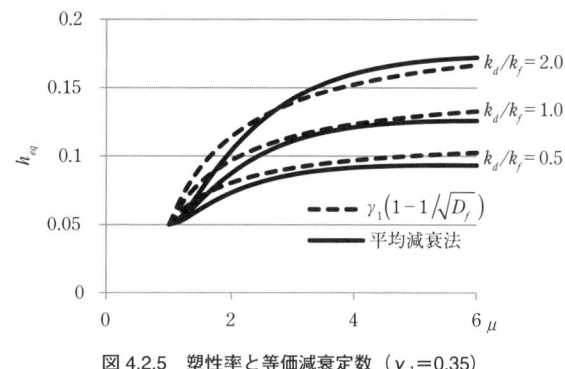

図 4.2.5　塑性率と等価減衰定数（$\gamma_1 = 0.35$）

4.3　想定地震動（時刻歴波形）

> 時刻歴応答による診断を行う場合に必要となる入力地震動波形については,再現期間数百年程度の終局設計相当の地震動として 4.2 節式（4.2）の加速度スペクトルに適合させた地震波を工学的基盤に入力したものとし,地表部の増幅を考慮して作成する。

　従来,時刻歴応答解析用の入力地震動に対しては,想定地震力とほぼ同じ性質と大きさを有する既往の強震記録を用いるのが一つの方法とされてきた。被害の検証を行う場合などは,近くの場所で得られた強震記録がよく用いられる。また,想定加速度スペクトルと同様のスペクトル特性を持つ模擬地震動を複数個作成して応答解析に用いることも推奨される方法であり,現在一般的に採用されている。模擬地震の作成にはさまざまの方法があり,文献を参照されたい。

　模擬地震動の振幅特性に関しては,地震動のフーリエスペクトルが無減衰の速度応答スペクトルとほぼ近似することを利用するのが一つの方法である。設計スペクトルは通常5%スペクトルで与えられるから,その1.5倍程度を無減衰スペクトルの近似値とすることができよう。模擬地震動の包絡線性状は位相特性により規定される。これまでの模擬地震動作成に当たっては,一様乱数位相を用いて定常不規則波形を作成し,これに適切な包絡線関数を乗じて非定常模擬波形を得るのが通例である。また,以前大崎順彦が地震波の位相差分布と地震波の包絡線特性がよく一致することを示して以来,地震動の位相特性と非定常性に関する研究が進み,最近では位相特性を考慮した模

擬地震動の作成も可能となっている。

　安全限界応答スペクトル（工学基盤）と2011年東北地方太平洋沖地震記録の応答スペクトル（仙台市中心部，硬地盤）との比較例を図4.3.1に示す。

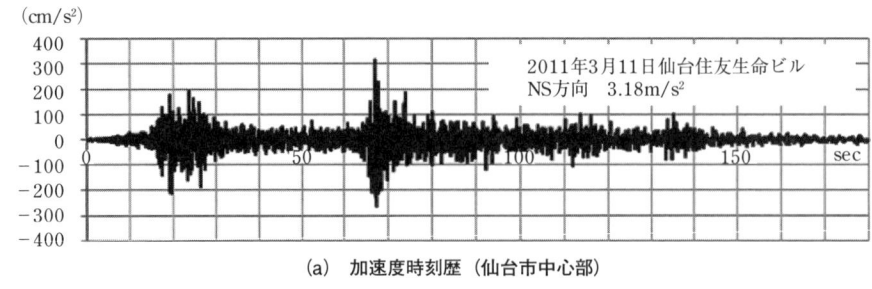

(a) 加速度時刻歴（仙台市中心部）

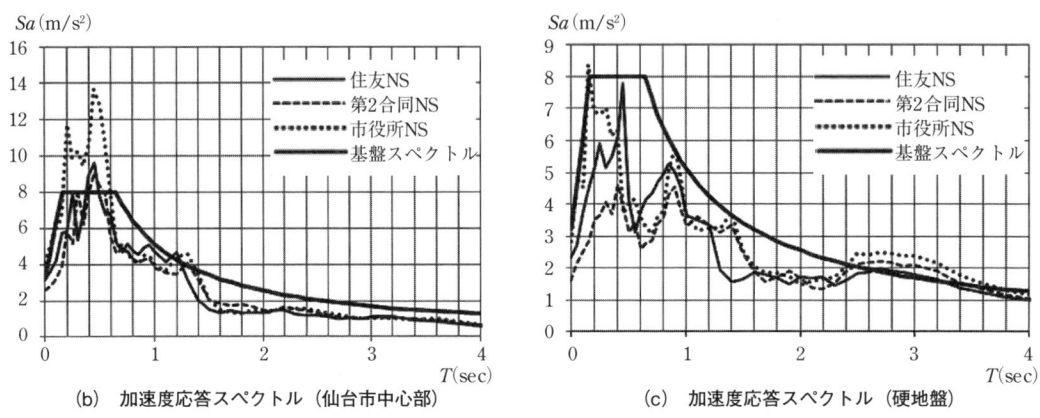

(b) 加速度応答スペクトル（仙台市中心部）　　(c) 加速度応答スペクトル（硬地盤）

図4.3.1　2011年東北地方太平洋沖地震記録

　なお，上下方向の地震動を想定する場合には，水平動と同様のスペクトル形状で大きさを1/2程度とすることを基本とする[1-4.10]。一般的には長期鉛直荷重に対し1.5以上の余裕率を以て設計されている屋根構造では上下動の影響は小さいと考えられるが，屋根形状等により屋根部の鉛直応答が励起されることが予想される場合には上下動の影響を考慮することが望ましい。

5. 応答量推定と耐震性能評価

5.1 一　　般

本指針では，想定地震力に対する構造物全体および各部の応答量を，次に示す種々の応答評価法により推定し，耐震性を判定する。

評価手法は，大別して次の2つとする。

a)　動的応答評価手法

想定地震力は応答スペクトルあるいは同等の地震動波形を用いる。

モーダルアナリシスあるいは時刻歴応答解析により動的応答量評価を行う。塑性化による応答低減効果は直接積分，エネルギー一定則または等価線形化法により評価する。

b)　静的応答評価手法

想定地震力は等価静的水平力とする。

静的応力 – 変形解析により応答量評価を行う。塑性化による応答低減効果は入力側に算入する。

5.2 動的耐震診断手法

動的評価手法には，応答スペクトル法と時刻歴応答法が使用できる。応答解析を行うに当たっては部材要素により構成された3次元弾性解析を基本とし，RC独立支持架構にも質量を配分し，鉄骨屋根の応答と併せて独立支持架構の構面外応答を評価する。得られた支承部反力および屋根ブレース，屋根小梁の軸力に対し，下式により耐力充足率を評価する。

(1)　屋根ブレースおよび屋根支承部の耐力充足率は，下式により評価する。

$$\text{屋根ブレース：} K_r^R = Q_u^R / Q_{un}^R > 1.0 \quad \text{支承部：} K_r^S = Q_u^S / Q_{un}^S > 1.0 \quad (5.1, 5.2)$$

Q_u^R：端部屋根ブレース列の保有耐力，Q_{un}^R：端部屋根ブレース列の応答せん断力，Q_u^S：支承部の保有水平耐力，Q_{un}^S：支承部の応答せん断力，Q_{un}^R，Q_{un}^S は，応答解析により得られた屋根ブレース列の最大応答せん断力および支承部の最大応答反力を採る。

動的評価手法には，応答スペクトル法と時刻歴応答法がある。以下に概要と注意点を述べる。

(1)　応答スペクトル法

応答スペクトル法では，想定地震の応答スペクトルによるモーダルアナリシスに基づいて応答量を推定する。モーダルアナリシスは弾性応答に対して適用される。応答が弾性範囲を超える場合は，まず初期弾性モデルにより応答推定を行い，弾塑性応答量は例えばエネルギー一定則や等価線形化手法等を適用して弾性応答から推算するのが一般的な方法である。初期弾性モデルの剛性は微小変形時の剛性ではなく，降伏近傍の低下した等価剛性を用いる必要がある。

モーダルアナリシスにより応答量推定を行う際，高次モードの評価法として従来絶対値和法（Absolute Sum, ABS）と2乗和平方法（Square Root of Sum of Squares, SRSS）がある。前者は高次の影響を過大に評価し，後者では少なめに評価するとされている。また，モード間の相関を考慮したCQC法（完全2次結合法，Complete Quadratic Combination）もあり，ラチスシェル屋根構造設計指針ではこれを用いることになっている。近似的方法としては，柴田・ソーゼンにより次式が提案されている（Averaged Modal Combination, AMC法）。

$$F = F_{SRSS} \cdot \frac{F_{ABS} + F_{SRSS}}{2F_{SRSS}} \tag{C5.1.1}$$

塑性化を考慮する別の方法として等価線形化法がある。これは，「弾塑性地震応答の最大値は，最大点での等価剛性と等価減衰を持つ等価線形系の最大応答にほぼ等しい」，という仮定に基づくものであり，限界耐力計算にも用いられている。はじめに，初期弾性モデルで近似的に応答評価を行い，塑性域に入った部位は等価剛性と等価減衰を与えて再度応答計算を行い（各部減衰モデル，平均減衰モデル），仮定変形と応答変形の比がおよそ収束するまで繰り返す，という形になるが，まだ実際の応答推定への応用例は少ない。一方，弾性架構に弾塑性ダンパーや粘性ダンパー等の付加減衰を付加した場合の応答評価は，等価線形化法により比較的精度よく評価できることが知られている。

応答スペクトル法における耐震性の判定は，静的手法と同様に，想定地震力に対する屋根・支承部の推定応答量と屋根部材・支承部の保有耐力・変形能力（許容塑性率）の比較により行われる。

(2) 時刻歴応答解析による方法

時刻歴応答解析による方法では，設定した構造モデルの想定地震動波形に対する時刻歴弾塑性応答解析により，主体構造部各部および付加構造各部の応答量を推定する。入力波形としては，4.の4.3節に示したように，想定地震の応答スペクトルに対応する複数の模擬地震動および適切な既往の強震記録波形の使用が考えられる。計算に当たっては，既存の汎用構造解析プログラムや動的応答解析プラグラムを用いることが多いであろう。3.の構造モデル設定の諸事項が重要となる。

応答性状を理解する上で，まず構造モデルの固有周期と振動モードを求めておくことは非常に重要である。減衰特性は，一般的には1次周期に対して5%の減衰定数を想定し，剛性比例型の減衰行列を用いるが，対象物によって実情を考慮した取扱いが必要である。

本指針の主要な目的の一つは，置屋根－軸部の接合部・支承部の耐震性判定であり，接合部をどうモデル化するかが大きな課題となる。設計上，ピンまたはローラー支持となっている場合でも，接合部には固定ボルトによるモーメントや引っ掛かりが存在し，これが均しモルタルや定着部の破壊に結びつく可能性もある。アンカーボルトが早期に降伏し，塑性変形が予想される場合にはモデル化に当たって最初からピンを仮定し，そこへの入力応答（回転量）を評価する方法もある。推定回転角と接合部の保有回転変形能の対比により，接合部の被害状況が評価できる。定着部のせん断耐力を評価するに当たっては，アンカーボルトのせん断耐力と合わせて日本建築学会：各種合成構造設計・施工指針（2011）等を参考に側面破壊耐力（図5.3.5）を考慮する。

屋根－軸部の支承部分の非線形挙動およびクライテリアについては，まだ未検討の部分が多い。現在行われている支承部に関する各種実験の結果を参照することが必要となろう（資料編A2）。

また，3次元解析の結果から指摘されている高次振動による四隅部への被害の集中の可能性や，直交方向の水平動の影響も考察する必要があろう．

5.3 静的耐震診断手法

5.3.1 基本的な考え方

> 　鉄骨置屋根架構の静的耐震診断を行うにあたっては，まず鉄骨屋根を支持する RC 片持架構の構面外応答を評価し，RC 架構が応答に対し自立しない場合には不足分の反力を支承部および屋根ブレース構面を通じて側面架構に伝達することを基本とし，屋根部自身の応答と併せて荷重伝達経路に沿った耐力充足率の評価を行う．
>
> (1) 　屋根ブレースおよび屋根支承部の耐力充足率は，下式により評価する．
>
> $$\text{屋根ブレース：} K_r^R = Q_u^R / Q_{un}^R > 1.0 \quad \text{支承部：} K_r^S = Q_u^S / Q_{un}^S > 1.0 \quad (5.3, 5.4)$$
>
> Q_u^R：端部屋根ブレース列の保有耐力，Q_{un}^R：端部屋根ブレース列の応答せん断力，Q_u^S：支承部の保有水平耐力，Q_{un}^S：支承部の応答せん断力，Q_{un}^R, Q_{un}^S は，屋根重量に $Z R_t A_i / F_h$ を乗じて評価するが，独立架構の構面外方向の耐力が不足している場合，不足分の支承部反力 R_a を考慮する．
>
> (2) 　屋根主架構方向の検討において屋根ブレースの損傷を許容する場合には，屋根ブレース耐力充足率が不足している場合でも屋根主架構平面のゾーニングによる検討を行い，支承部を含めた耐震指標が要求性能を満足していることを確認することで耐震性能を満足していると判断することができる．

　本項では鉄骨置屋根構造の静的応力・変形解析に基づく耐震診断法について概説する．まず検討地震入力方向に直交する RC 片持ち架構の構面外静的応答評価を行う．得られた応答に対する RC 片持ち架構の構面外耐力照査を行い，片持ち架構が構面外応答に対し自立しない場合には，支承部および屋根面架構を通じて直交方向架構（側面架構）に不足している反力を伝達することを基本とし，その荷重伝達経路に沿った耐力充足率の評価を行う（図 5.3.1）．設計ルートを図 5.3.4 に示す．

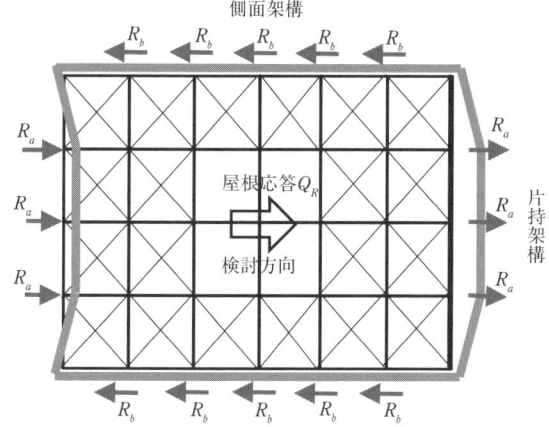

図 5.3.1　鉄骨置屋根架構の応答反力伝達の考え方（桁行方向および梁間方向）

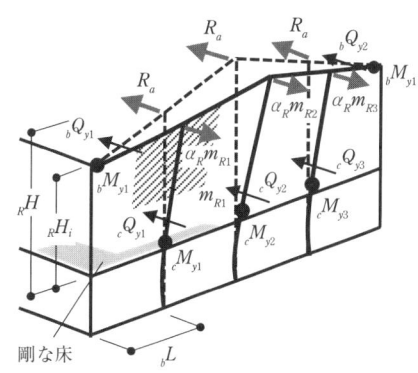

図 5.3.2　RC 片持ち架構の構面外応答評価（桁行方向および梁間方向）

第1章　鉄骨置屋根構造の耐震診断・改修の考え方

以下ルートに沿って解説する。

1)　まず各層を剛床とした建物全体のせん断力係数分布を求め，屋根部の同値に屋根剛性・躯体剛性に依存した増幅係数 $F_{GAi}(R'_T)$ を乗じて得た RC 片持架構等価質量高さレベルの応答加速度を α_R とする。

$$\alpha_R = F_{GAi}(R'_T) \cdot Z \cdot R_t \cdot A_i \cdot F_h \cdot C_0 \tag{C5.3.1}$$

ただし，$F_{GAi}(R'_T)$ は RC 片持ち架構の応答増幅係数であり，屋根棟部－支持躯体周期比 R'_T の関数として与えられる。C_0 は想定地震入力レベルに対応したベースシア係数であり，耐震診断指針 1-1.1)

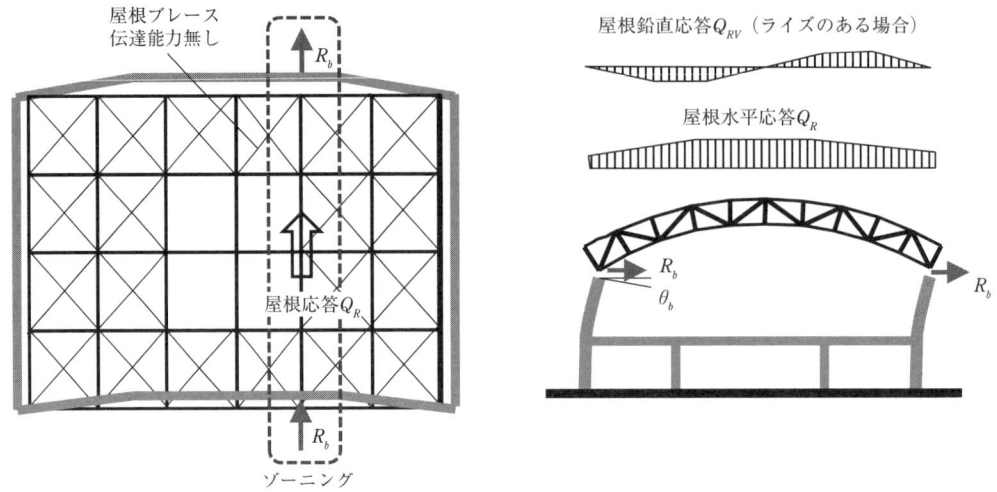

図 5.3.3　ゾーニングによる平面架構評価（梁間方向）

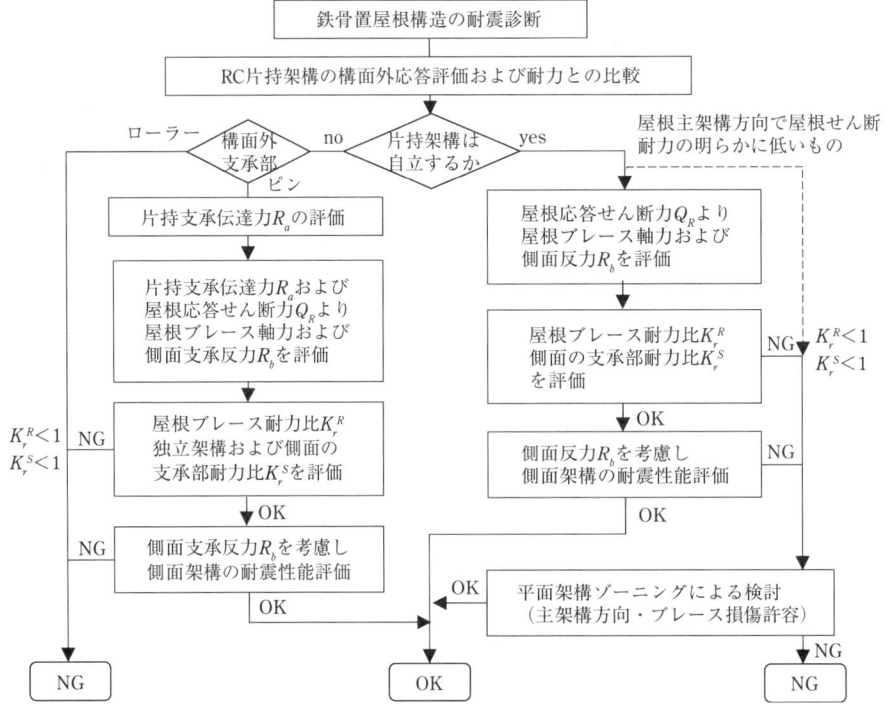

図 5.3.4　鉄骨置屋根構造の耐震診断ルート

5．応答量推定と耐震性能評価

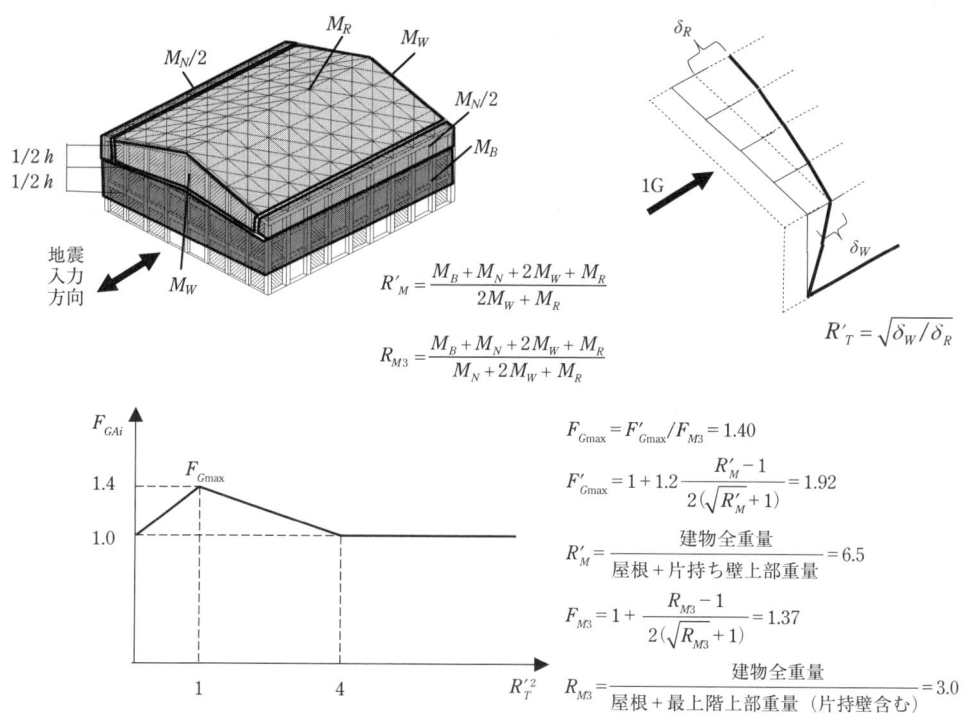

図 5.3.5　$F_{GAi}(R_T)$ の分布例 （$R'_M = 6.5$, $R_{M3} = 3$）

における Iso に相当する．RC 支持架構の応答を制御する付加減衰が期待できる場合には F_h を考慮できる．

$F_{Ai}(R'_T)$ は一例としておおむね図 5.3.5 のような特性を有することが報告されている[1-5,7]．屋根 – 支持躯体周期比 R'_T は Ai 分布水平力に対する支持構造の層間変形 δ_W および棟 – 軒間の屋根部変形 δ_R を用いて，$R'_T = \sqrt{\delta_W/\delta_R}$ で評価してよい．文献 1-5.6)では，軒から棟に至る屋根構面を階と見做した Ai 分布に拠ってもおおむね同様の応答加速度分布が得られることが報告されている．簡易的に屋根面剛性が十分に高い場合（目安として $\delta_R < \delta_W/4$）は $F_{GAi}(R'_T) = 1.0$，柔らかい場合は $F_{GAi}(R'_T) = 1.4$ 程度とすることもできる．$C_0 (= \text{Iso})$ を 0.6～0.7 とした場合，RC 片持架構の構面外に 1.0～1.5 G 程度の応答加速度が生じるとして初期検討を行う方法も考えられよう．

このように決定した鉄筋コンクリート造片持ち架構屋根レベルの応答加速度 α_R に片持ち架構上部の重量 m_{Ri} を乗じて得た応答水平力を上部ピン，下部剛とした RC 片持ち架構モデルの構面外方向に加えて鉄骨屋根支承部の反力 R_a を評価する．また，屋根面せん断剛性が比較的柔らかいブレース付き屋根構造の場合には，RC 片持ち架構基部の曲げ降伏まで屋根面が変形に追従し得るという仮定のもとで，評価した応答水平力の合計値より各柱のせん断耐力 $_cQ_{yi}$ および境界梁のせん断耐力 $_bQ_{yi}$ の合計値を差し引き（図 5.3.2），下式により鉄骨屋根支承部の設計用反力 R_a を評価してもよい．

$$R_a = \left(\sum_i (\alpha_R \cdot m_{Ri} \cdot {_RH_i}) - \sum_i {_cM_{yi}} - 2{_bQ_{yi}} \cdot {_RH_0} \right) / (n \cdot {_RH}) \tag{C5.3.2}$$

ただし，${_RH_i}$：各柱最上層高さ，${_RH_0}$：隅柱高さ，${_RH}$：柱平均高さ，n：支承部数，${_cM_{yi}}$：柱脚曲げ耐力，${_bQ_{yi}} = {_bM_{y1}}/{_bL}$，${_bL}$：隅梁長さ，${_bM_{yi}}$：梁弱軸方向曲げ耐力

R_a の値が負となる場合は，RC 片持ち架構が応答水平力に対し自立していることを意味する（図 5.3.4 右ルート）。一方，R_a の値が正となる場合は RC 片持ち架構が応答水平力に対し自立していないことを意味し，この値（不足分）を屋根構面を通じて側面架構に伝達しなければならない（図 5.3.4 左ルート）。なお文献 1-5.7) では式（C.5.3.2）において $_RH_i$ を片持ち壁等価質量高さとしているが，地震入力の余裕度や応答のばらつきを考慮し柱高さを採用する。同式を用いるに当たっては，側面梁の影響（式（C5.3.2）第 3 項）を無視し，$_RH_i$ を $_RH$ と読み替えて片持柱単体の検定を行っても良い。

この境界の支承部が RC 独立架構構面外方向にルーズ（ローラー）となっている場合には RC 柱・壁からなる片持ち柱として別途 Ai 分布を求めて耐震性能を判定し，耐力充足率を評価する。なお，この場合はローラー部の変形量が支承部の許容変形量以下となっているかどうか評価する必要がある。

2) RC 片持ち架構が応答水平力に対し自立しておらず境界支承部が構面外方向に水平力伝達可能な場合（図 5.3.4 左ルート），図 5.3.1 に見るように屋根面の平面モデルに片持ち RC 架構からの反力 R_a および屋根面の応答力 Q_R を加え，各屋根ブレース列レベルの応答せん断力を Q^R_{uni} に対する屋根ブレース各列の耐力充足率 K^R_i を評価する。なお，屋根にライズがある場合は Q_R の算出にあたり 5.3.2 項に応じ増幅率を考慮し，水平力および鉛直力の双方を考慮する。なお，屋根ブレースを含む鉄骨部材の検定に関しては保有耐力に靱性指標（非保有耐力接合 1.3，保有耐力接合 2.2）を乗じて良い。

次に得られた側面壁支承部反力 R_b に対する支承部耐力の検定を行う。側面支承部の検定は各支承ごとに Q^S_{un} を R_b とし，各支承部耐力 Q^S_u の Q^S_{un} に対する比（耐力充足率 K^R_r）を評価する。なお，支承部耐力を評価するにあたり，鉛直アンカーボルト＋ベースプレートによる支承部では，アンカーボルトのせん断耐力と合わせて日本建築学会：各種合成構造設計・施工指針（2011）等を参考に側面破壊耐力（図 5.3.6）を考慮する。具体的には下式に拠る。

$$q_{a1} = \phi_1 \cdot {_s\sigma_{qa}} \cdot {_sc}a \tag{C5.3.3}$$
$$q_{a2} = \phi_2 \cdot {_c\sigma_{qa}} \cdot {_sc}a \tag{C5.3.4}$$
$$q_{a3} = \phi_2 \cdot {_c\sigma_t} \cdot A_{qc} \tag{C5.3.5}$$

ここに，$\phi_1 = 1.0$（短期），$\phi_2 = 2/3$（短期），$_sa$：アンカーボルトの断面積（公称とネジ部有効の小さい方），$_c\sigma_{qa} = 0.5\sqrt{F_c \cdot E_c}$，$_c\sigma_t = 0.31\sqrt{F_c}$，$A_{qc} = 0.5\pi c^2$ である。なお，アンカーボルト耐力 q_{a1}（式（C5.3.3））を計算するに当たっては軸力の影響を考慮し，$_s\sigma_{qa} = \sqrt{[1-(N/N_y)^2]}\,_s\sigma_y / \sqrt{3}$ で評価する。なお，$_s\sigma_y$：アンカーボルトの規格降伏点強度，N：アンカーボルト引張軸力，N_y：アンカーボルト降伏軸力である。また，無筋のベースプレート下の均しモルタル厚がアンカーボルト系の 3 倍を

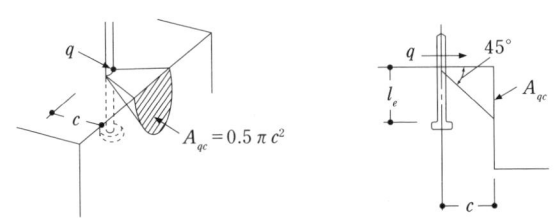

図 5.3.6　定着部側面破壊の検討（各種合成構造設計・施工指針）

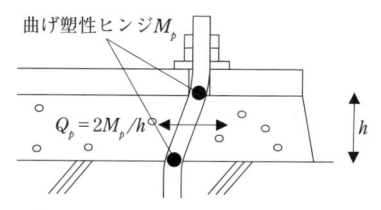

図 5.3.7 モルタル破壊時のメカニズム

超える支承部では，モルタルが破壊しアンカーボルトの曲げメカニズムの形成により耐力が決定される効果を考慮し，モルタル高さ分のアンカーボルトを曲げ材（図 5.3.7）として上下塑性ヒンジ形成によるメカニズム耐力を評価し，小さい方の耐力で決定する。

$$q_{a4} = 2M_p/h, \quad M_p：アンカーボルトの全塑性曲げ耐力 \tag{C5.3.6}$$

以上のアンカーボルト耐力は資料編 A2 他の柱脚実験結果に基づき設定されたものである。

以上を通じて，独立架構支承部の K_r^S，屋根ブレース各列の耐力充足率 K_r^R，側面架構支承部の K_r^R のそれぞれが 1 以上となっている場合は耐震性能を満足していることを意味する。

側面架構下部の耐震診断に関しては，屋根面より伝達される水平力 R_b を考慮したうえで，通常の重層構造と同様に行う。

3) 式（C5.3.2）の検定において RC 片持ち架構が自立している場合（図 5.3.4 右ルート）には，独立架構からの伝達力 R_a を零として，屋根部のみの応答に対し屋根ブレースせん断力および側面支承部反力 R_b を評価し，屋根ブレース各列の耐力充足率 K_r^R，側面架構支承部の K_r^S による評価を行う。

4) なお屋根主架構梁間方向の検討において RC 片持ち架構が自立している場合には，屋根ブレースの損傷を許容する前提で図 5.3.3 に示すように平面架構単位でのゾーニングによる検討を行い，支承部を含めた耐震指標が要求性能を満足していることを確認することで耐震性能を満足していると判断することができる（図 5.3.4 右下ルート）。平面解析においては，支承部の回転剛性を適切に評価し，支点回転量に伴い支承部に発生する回転モーメントに対し，支承部のモルタルやアンカーボルトが損傷しないことを確認する。

5.3.2　ライズのある屋根の応答評価

5.3.1 項において，ライズ／スパン比が $h/L = 0.10 \sim 0.5$（半開角 25°以上 45°以下）かつスパン 30 m 以上のライズを有する鉄骨屋根では水平地震入力に対する水平・鉛直応答の励起を考慮し，屋根部の応答を評価する。デプス／スパン比率 $D/L > 1/100$ の円筒ラチスシェル，山形，寄棟屋根については下記の方法で屋根部の等価静的荷重を評価することができる。

(1) 等価静的荷重

等価静的荷重は屋根部ライズ，下部構造と屋根の剛比・重量比をパラメータとし，屋根部鉛直・水平荷重および支持架構各層の水平荷重として算定する。

具体的には，まず屋根を剛体と考えて 4.2 節に基づく各層の設計用せん断力を設定し，屋根支持部の層せん断力係数 $C_R = Z \cdot R_t \cdot A_i \cdot F_{es} \cdot F_h \cdot C_0$ に対し，図 5.3.8 で示される増幅係数 F_H，F_V を乗じた等価加速度にその部位の単位面積当たりの屋根質量を乗じた値を等価地震荷重とする。

(a) 水平加速度分布（梁間入力）　　(b) 鉛直加速度分布（梁間入力）　　(c) 水平加速度分布（桁行入力）

図 5.3.8

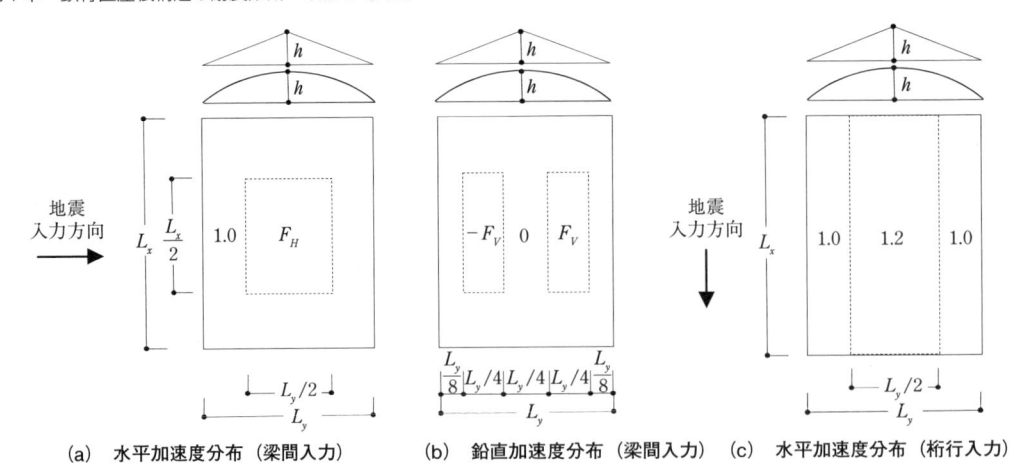

ただし，水平増幅率 F_H，鉛直増幅率 F_V は，表 5.3.1 により求める。

表 5.3.1　応答増幅係数
(a) 水平応答増幅係数

F_H	R_T						
	0	0.14	0.5	1.0	1.5	2.0	3.0 以上
$R_M < 2$	1.5	1.5	1.2	1.0	1.0	1.0	1.0
$2 < R_M < 5$	1.5	1.5	1.6	2.0	1.2	1.1	1.0
$5 < R_M < 20$	1.5	1.5	1.7	3.0	1.3	1.1	1.0

注）表に与えられた以外の数値に対しては，中間補間するものとする。

(b) 鉛直応答増幅係数

$F_V/(C_V\theta)$	R_T						
	0	0.3	0.5	1.0	2.0	3.0	5.0 以上
$R_M < 2$	3.0	3.0	2.2	1.2	0.6	0.3	0.0
$2 < R_M < 5$	3.0	3.0	2.4	2.6	0.7	0.3	0.0
$5 < R_M < 20$	3.0	3.0	2.5	4.6	0.7	0.3	0.0

注）F_V の値は，表中の数値に C_V と θ を乗じたものとする。
表に与えられた以外の数値に対しては中間補間するものとする。

R_T：屋根を剛体とした支持構造の1次固有周期を屋根の逆対称1次モード固有周期で除した比
R_M：屋根と支持構造の重量和を，屋根の重量で除した比

$$半開角 \theta = \sin^{-1}\left(\frac{4(h/L_y)}{1+4(h/L_y)^2}\right)$$

C_V：1.33，h：屋根ライズ，L_y：梁間方向スパン

ライズ h/スパン L_y 比 0.1（$\theta = 23°$，0.4 rad）の一般的な鉄骨置屋根構造では，$T_{eq} = 0.25$ sec，$T_R = 0.35$ sec，$R_T = 0.7$ 程度，$R_M = 4 \sim 5$ 程度となるため，水平方向増幅率 $F_H = 1.7$ 程度，鉛直方向増幅率 $F_V = 2.44 \times 1.33 \times 0.40 = 1.3$ 程度となる。梁間方向の応答評価にあたっては，屋根面の上図範囲の設計用せん断力係数にこれらの値を乗じる。

5. 応答量推定と耐震性能評価

(1) ライズのある屋根の地震応答評価

ライズのある屋根の地震応答研究は，まず単層ドームを対象に1990年代より行われた。単層ドームは多くの高次振動モードが並列に現れるが，複層球形ドームではデプス/スパン比が1/50程度以上の範囲で振動モードが4種程度に集約され，それらによる最大応答加速度の屋根面における包絡分布がおおむね逆対称一次モードの振動モード形状で模擬できることが知られている[1-5.8)-1-5.20)]。その分布形状として以下の分布が用いられることが多い。

水平方向　　$A_H(x,y) = A_{eq}\left\{1 + (F_H - 1)\cos\dfrac{\pi\sqrt{x^2+y^2}}{L}\right\}$ 　　　　　(C5.3.7)

鉛直方向　　$A_V(x,y) = A_{eq}F_V \dfrac{x}{\sqrt{x^2+y^2}} \sin\dfrac{\pi\sqrt{x^2+y^2}}{L}$ 　　　　　(C5.3.8)

ここに，A_{eq}：規準となる屋根支持部の水平応答加速度，F_H：水平方向の屋根面最大応答加速度のA_{eq}に対する比率，F_V：鉛直方向の屋根面最大応答加速度のA_{eq}に対する比率，(x, y)：頂点を原点とする屋根面の水平面投影座標である。地震入力はx方向に働くものとする。式（C5.3.7）は外周部でA_{eq}，頂点で$F_H A_{eq}$となる余弦分布を，式（C5.3.8）は外周部および$x=0$の点で0，xが負の領域で最小値$-F_V A_{eq}$，xが正の領域で最大値$F_V A_{eq}$の正弦分布を持つ逆対称モード形状となる。図5.3.9に屋根応答の概念図，図5.3.10に式（C5.3.7），（C5.3.8）と応答スペクトル法（CQC法）による数値解析との比較例を示す。

屋根面における水平・鉛直加速度応答増幅率はまず一義的にライズ/スパン比の関数となり，半開角θが60°程度までは半開角が増えるとともに水平方向，鉛直方向共に増加していくことが知られている。山田大彦ら[1-5.11)]はアーチモデルを用いてライズ/スパン比と屋根部水平・鉛直方向応答増幅率の関係を定性的に求めようと試み，水平方向に半開角に比例する増幅率を，鉛直方向に一定値2.5の値を提案している。また，竹内・小河ら[1-5.18)]は4質点簡易アーチモデルを用いて水平・鉛直応答増幅率と半開角との関係を定量的に説明している。両者の関係を図5.3.11に示す。さらに下部支持構造により屋根応答は増幅される。まず屋根架構自身の卓越振動モード固有周期T_Rと屋

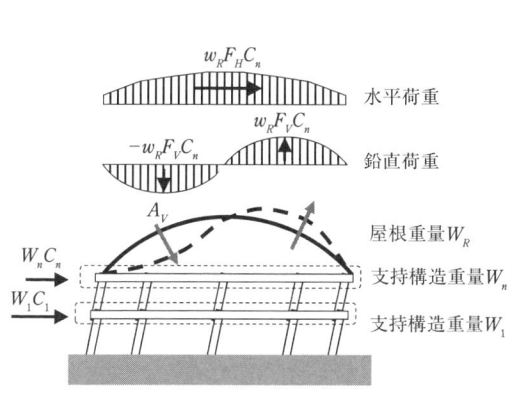

図5.3.9　水平地震入力による屋根部の応答

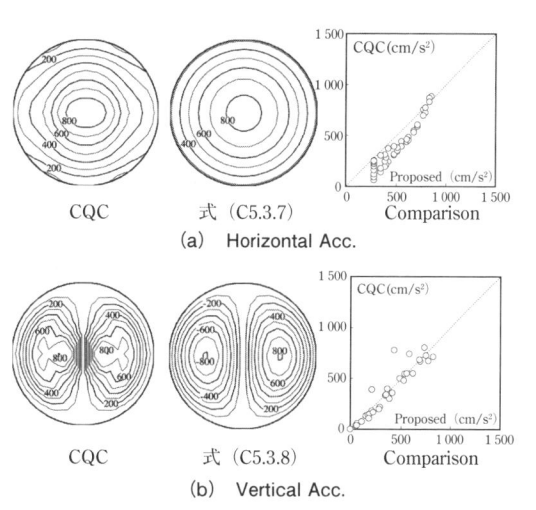

図5.3.10　式（C5.3.1），（C5.3.2）の加速度分布形状とCQC解析との比較例

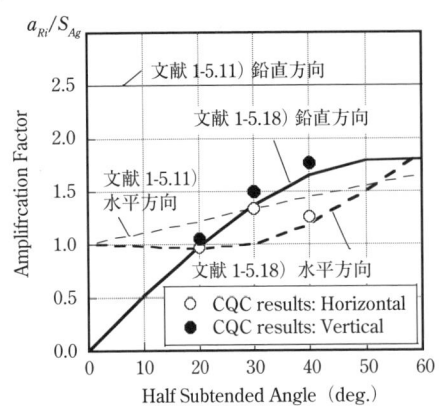

第1章 鉄骨置屋根構造の耐震診断・改修の考え方

図 5.3.11 半開角による屋根面増幅率の変化 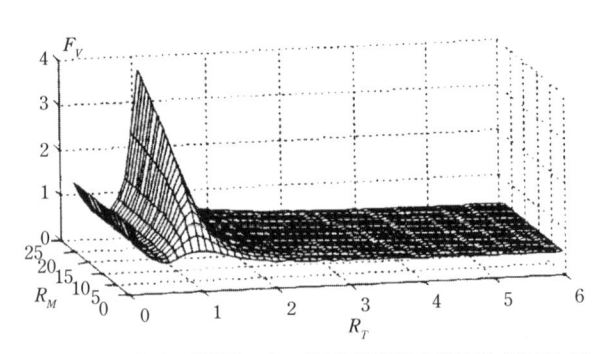　　図 5.3.12 周期比，質量比による屋根面増幅率の推移例（鉛直方向）

根を剛体と考えた場合の下部構造の水平剛性で決定される等価一質点系モデルの固有周期 T_{eq} との比率 $R_T=T_{eq}/T_R$ により決定される。また，R_T が 1 に近接する範囲では下部構造による屋根構造の振動励起現象が生じ，屋根部の有効質量 M_R に対する下部構造と一体化した一質点系の質量 M_{eq} との比率 $R_M=M_{eq}/M_R$ が大きいと急激に応答が励起される[1-5.19),1-5.25)]。図 5.3.12 は屋根部の振動に逆対称 1 次モードのみを考慮した場合の鉛直方向増幅率の例であるが，高次振動モードを含めると R_T が 1 以下の範囲で鉛直方向応答増幅率 F_V，鉛直方向応答増幅率 F_V ともに 2.5 ～ 3.5 程度の範囲に分布することが知られている。

(2)　円筒ラチス屋根の地震応答評価

円筒ラチス屋根は梁間方向に地震入力を受ける場合に球形ドームと同様の水平・鉛直振動が励起され，その性状が 1990 年代後半より分析されてきた[1-5.21)-1-5.23)]。文献 1-5.18）ではおおむねデプス/スパン比が 1/100 程度以上の範囲で各振動モードによる最大応答加速度の屋根面における包絡分布がおおむね逆対称一次モードの振動モード形状で模擬できる程度に集約されることが報告されている。その分布形状としては例えば以下のような分布が提案されている。

水平方向　　$A_H(x,y) = A_{eq}\left\{1+(F_H-1)\cos\pi\left(\dfrac{x}{L_x}\right)\cos\pi\left(\dfrac{y}{L_y}\right)\right\}$　　　　　　　　　　　(C5.3.9)

鉛直方向　　$A_V(x,y) = A_{eq}F_V\sin\pi\left(\dfrac{2y}{L_x}\right)\cos\pi\left(\dfrac{x}{L_y}\right)$　　　　　　　　　　　　　　　(C5.3.10)

地震入力は y 方向に働くものとする。式（C5.3.9）は外周部で A_{eq}，頂点で $F_H A_{eq}$ となる余弦分布を，式（C5.3.10）は外周部および y=0 の点で 0，y が負の領域で最小値 $-F_V A_{eq}$，y が正の領域で最大値 $F_V A_{eq}$ の正弦分布を持つ逆対称モード形状となる。図 5.3.13 に式（C5.3.9），（C5.3.10）と応答スペクトル法（CQC 法）による数値解析との比較例を示す。

ライズ/スパン比（半開角）および下部構造の周期比，質量比に伴う屋根部の応答増幅についてはおおむね球形ラチスドームと同様の特性を有する。ただし，支持架構付き円筒ラチスシェル屋根では，球形ドームと比較し屋根支持レベルの架構水平面の歪みにより，屋根応答がさらに増幅する特性が報告されている。

一方，桁行き方向の応答についてはスパン/桁行き方向辺長比により励起される屋根振動モードが異なってくるものの，一般的なスパン/桁行き方向辺長比 1：1.5 ～ 2.0 の範囲ではおおむね逆対

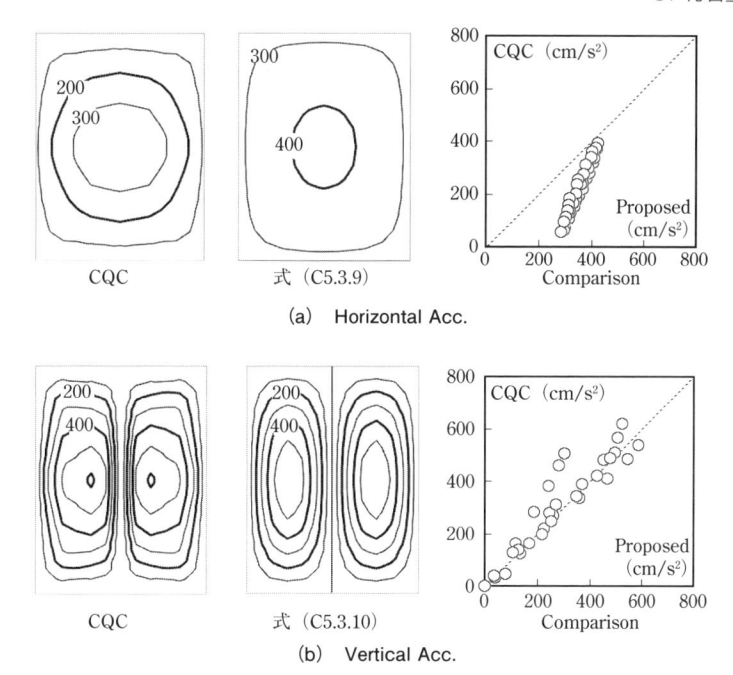

図 5.3.13 式（C5.3.3），（C5.3.4）の加速度分布形状と CQC 解析との比較例

称一波が卓越することが報告されている[1-5.22]。また，斜め方向からの地震入力に対する応答は，基本的に直交2方向からの入力に対する応答を合成することで求められる。なお，円筒アーチや山形屋根架構における応答は，円筒シェルに対する評価式を準用してもおおむね適正な値が得られることが報告されている[1-5.28)-1-5.30]。

(3) 多層架構で支持されたラチス屋根構造の応答評価

多層架構で支持されたラチス屋根構造に関しては，いったん，屋根部を剛体として質量のみ評価して多層構造と同じように Ai 分布または振動モード合成により各層の応答せん断力を求め，屋根支持層（多くの場合最上層）の応答せん断力係数を A_{eq} として取り扱い，前述した式（C5.3.7）～（C5.3.10）を適用することで屋根各部の最大応答加速度分布をおおむね得られることが文献1-5.24) により報告されている。式（C5.3.7）～（C5.3.10）中の F_H および F_V を求めるためには R_T, R_M が必要となるが，これに必要な固有周期 T_{eq} および有効質量 M_{eq} は屋根剛体多質点系の固有値解析時または Ai 分布に対する各層の変形より求めることができる。なお，鉄筋コンクリート層と鉄骨層が混在する SR1 型の学校体育館のように層ごとの剛性が大きく異なる場合には Ai 分布より固有値解析および振動モードに基づく評価の方が良い精度が得られることが報告されている[1-5.24]。

(4) 高ライズドーム，高ライズ円筒シェルの屋根部応答

半開角が60°を超える高ライズ球形ラチスドーム，円筒シェルにおいては，水平応答増幅率は単調に半開角と共に増加するが，鉛直応答増幅率は逆に減少に転じることが知られており，F_H および F_V を求めるための評価式が文献1-5.26) などで提示されており，同問題の先駆的研究である文献1-5.8), 1-5.9) とおおむね同等の値を与える。また，屋根上の加速度応答分布も式（C5.3.7）～（C5.3.10）の関数を屋根のむくりを考慮した極座標で表現できることが報告されている。半開角が60°～90°に至るまでの応答増幅率の数値解析結果および提案式の分布を図 5.3.14 に示す。

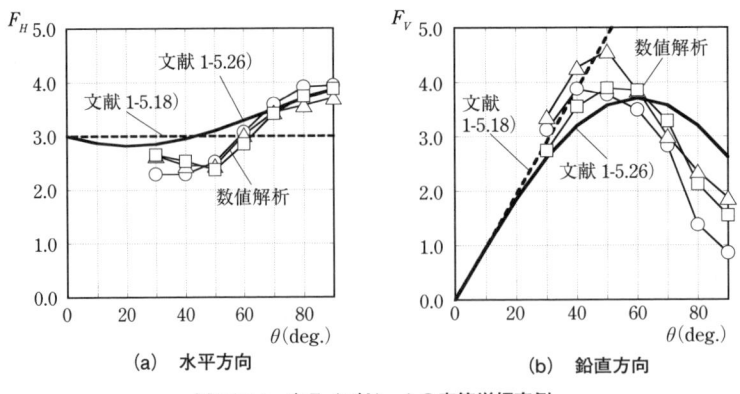

(a) 水平方向　　　　　　　　　　　(b) 鉛直方向

図 5.3.14　高ライズドームの応答増幅率例

(5) 屋根部の固有周期・減衰の評価

上述した簡易応答評価法を利用するためには屋根部の固有周期 T_R を求める必要がある。この値を求めるには屋根部の立体部材モデルの振動固有値解析を行えば良い。一方，立道[1-5.27]は，過去に行われた振動測定結果と屋根仕上げ，スパンの関係を分析し，金属屋根架構についてはおおまかな相関関係があることを示しており（図 5.3.15），今後，屋根架構形式を含めたより精度の高い予測が可能となれば，ばらつきの範囲内で安全側の応答評価を行うことも考え得る。また，減衰定数もスパンとの相関関係があることが報告されており，各種応答評価時の参考となろう。

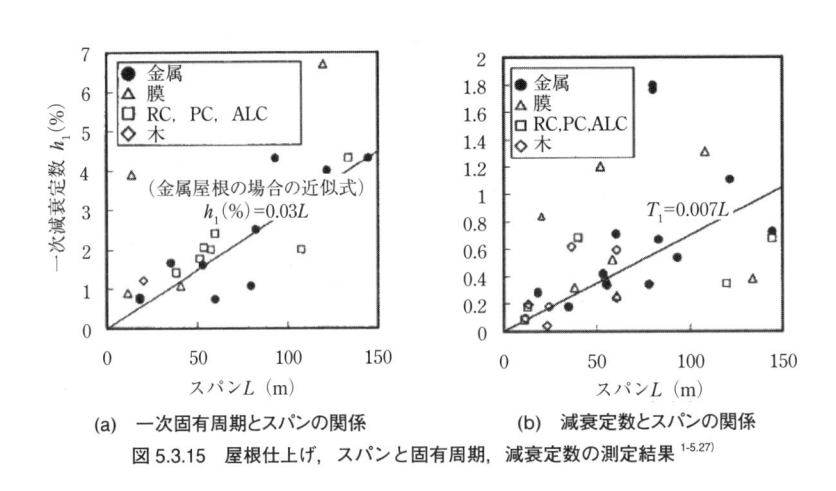

(a) 一次固有周期とスパンの関係　　　　(b) 減衰定数とスパンの関係

図 5.3.15　屋根仕上げ，スパンと固有周期，減衰定数の測定結果 [1-5.27]

5.4　非構造部材の安全性検討用加速度および変形

> 空間構造の耐震診断，改修を行うに当たっては，天井や照明などの 2 次部材の損傷，落下危険性の指摘，対策を講じることが必要となる。屋根面の 2 次部材の検討用加速度・変形については，本項で示す考え方に拠ることができる。

これまでの体育館の地震被害事例調査によれば，体育館の避難施設としての機能阻害要因として照明器具の落下や天井材や壁材などの仕上げ材の損傷・落下が大きな比重を占めている[1-5.31, 1-5.32]。

これら非構造材の損傷限界や安全限界については，「天井等の非構造材の落下に対する安全対策指針・同解説」[1-5.33)]で各要素について記述されている。

また，平成25年国土交通省告示第771号においては，高さが6mを超え水平投影面積が200m^{2}を超える天井を「特定天井」と定義し，水平応答に対する安全性を確保するための仕様および要求性能が詳細に記載されている。また，鉛直応答に対しては1G以上の鉛直震度を考慮するものとしている。

しかしながら前節で解説したように，ライズを有する鉄骨屋根構造では1Gを超える鉛直応答が予想される場合も多く，屋根各部の応答加速度を簡便に求める手法が望まれる。そこで想定地震入力レベルに対応したベースシア係数C_0より，予想される屋根面の応答加速度を評価する手法を示す[1-5.28)]。C_0に相当する層せん断力係数を，屋根を剛体と見なした等価1質点系の想定地震入力における応答加速度A_{eq}と読替えるとA_{eq}は式（C5.4.1）のように表すことができる。

$$A_{eq} = \frac{C_0 \cdot F_h}{F_f} \cdot (g\,Z\cdot R_t \cdot A_i) \qquad (C5.4.1)$$

ここに，gは重力加速度である。またF_fは主架構弾性時の靱性指標である。

ライズを有する梁間方向については要求されるC_0（またはIso）に対して式（C5.4.1）よりA_{eq}を求め，これに5.3.2項で得られる屋根各部の応答加速度および各部質量との積を静的地震荷重として応力解析を行い，得られた加速度および変形により天井・照明等の2次部材の安全性の検定が可能となる。式（C5.4.1）の時刻歴応答解析との比較は文献1-5.28)に報告されている。

なお，予備調査や実態調査の際には，構造体とは別に必ず仕上げ材，非構造材について記入し，考え得るリスクを記入する必要がある。特に天井以外にも屋根から吊られる照明，バスケットゴール，あるいは垂れ壁，壁仕上げ材など落下・崩落の危険性のあるものに関しては十分な実態調査を行うことが望ましい。

図 5.4.1　天井材の落下被害例

6. 耐震改修の考え方

6.1 一　　般

　耐震改修の考え方は，「5. 応答量推定と耐震性能評価」に沿って検証された各部位の安全性判定に基づき，不足した耐力を補強することを原則とする。改修手法は，大別して次の2つとする。

a)　強度型改修手法

　RC片持架構耐力，支承部，屋根ブレースの耐力が不足している場合には以下の改修方法が考えられる。

　a-1)　RC片持架構にバットレス補強またはスラブ補強を行い，自立するようにする。

　a-2)　支承部および屋根ブレースを補強することで，RC片持架構の反力を側面架構に伝達できるようにする。

　改修設計は，5. 各項に示された耐力充足率を満足できるように行う。

b)　応答制御型改修手法

　RC片持架構耐力，支承部，屋根ブレースの耐力が不足している場合，屋根部応答が許容範囲を超えている場合には以下の改修方法が考えられる。

　b-1)　RC片持ち架構頂部の支承部に付加減衰（ダンパー）機能を与えることでRC片持ち架構の応答を制御し支承部反力および変形を許容範囲に収める。

　b-2)　全支承部に免震支承を導入し屋根全体を免震化することで屋根部の応答を制御し下部構造への負担を軽減する。

　改修設計は時刻歴応答解析を基本とするが，各節に示す静的応答評価手法を用いることもできる。

　鉄骨置屋根構造の耐震改修においては，「5. 応答量推定と耐震性能評価」における検定を元に，不足した耐力を満足すべく補強を行うことが基本となる。特にRC片持架構が自立しない場合には，RC片持架構を自立させるべく補強するか，頂部の支承部および屋根架構を通じて拘束するかの選択肢により方針が大きく異なる。支承部の補強には損傷した部位の補修および鉄板・あと施工アンカー等による補強が行われることが多いが，あと施工アンカーのコーン破壊とともに鉄板が変形したりコンクリート片と一体となって落下するような破壊形式とならないよう注意が必要である。具体的には，図 6.1.1 に見るように，鉄板に形鋼を添えて曲げ剛性・耐力を向上させ，RC部材側面または上下面に鉄板を回り込ませアンカーせん断力で抵抗する形式とするなどが考えられる。あるいは図 6.1.2 に見るように，RC片持架構の外部にRCバットレス壁や壁付き架構を増設したり，内部に水平鉄骨トラス架構を付加することで片持架構を自立させる方法も考えられる。

　近年は各種の付加減衰装置（ダンパー）や免震支承も一般的に使用できるようになっている。こ

6. 耐震改修の考え方

図 6.1.1　損傷を受けた RC 梁上の支承部の改修補強例

図 6.1.2　RC バットレス架構の付加例

れらの装置の導入による応答制御効果を利用して RC 片持架構や屋根架構の応答を抑制する選択肢も今後利用できるようになると考えられる。

6.2　免震屋根構造の簡易応答評価

> 屋根構造に免震支承や制振部材を組み込んだ構造では，免震支承や制振部材の応答低減効果を考慮して 5.3 節で解説された等価な静的地震荷重を評価し，静的応力解析による屋根各部の許容応力度設計および変形検定を行うことができる。等価静的荷重は屋根部ライズ，免震支承または下部構造と屋根の剛比・重量比をパラメータとし，屋根部の鉛直・水平荷重および支持架構各層の水平荷重として算定する。

免震屋根構造においては単層ラチスシェルであっても屋根部の振動モードが単純化され，デプス・スパン比にかかわらず 5.3.2 項の逆対称一波モードに基づく応答評価手法が適用できることが知られている[1-6.1)]。支持構造の質量比が $R_M \leq 1.2$，または免震層と下部構造の周期比 $\beta = T_{eq}/T_S > 5.0$ の範囲においては支持架構を剛体と見なし，免震層を支持架構と見なして R_T, F_H, F_V を評価し，表 5.3.1 を適用すればよい。免震ダンパーを用いた場合にはダンパーの等価剛性，等価減衰を評価し A_{eq} を求める。なお，鉛直応答加速度は免震層を挿入し長周期化することによる応答低減は期待できるが，減衰の効果はあまり見られないため，鉛直応答のみ減衰低減効果を無視すると良い精度で応答が評価できる。また，弾塑性ダンパーを用いた場合の屋根モデルの鉛直応答加速度は，ダンパーの初期剛性を小さくするほど応答低減効果が期待でき，R_T を評価するための等価一質点系固有周期の算定には，免震層の最大変形割線剛性と弾性剛性との平均値を採用すると，屋根各部の最大応答加速度をおおむね評価できることが分かっている。具体的には，以下の手順で検討を行う。

まず，屋根を支持するダンパーを除いた免震支承剛性 K_f を，屋根を剛体とした時の固有周期 $T_f = 2\pi\sqrt{M_R/K_f} > 2.0$ sec となるように設定する。ここに M_R は屋根質量である。

(1) 弾塑性ダンパーを用いる場合

1) 免震層の限界変形 δ_s を設定し，限界変形時固有周期 T_S を式（C6.2.1）より求める。K_S は δ_s 時の割線剛性で式（C6.2.2）より求める。

$$T_S = 2\pi\sqrt{M_R/K_S}, \quad K_S = K_f + Q_{dy}/\delta_s \tag{C6.2.1, C6.2.2}$$

ここに，Q_{dy} は弾塑性ダンパーの降伏せん断力である。

2) 変位振幅 δ_s 時の等価減衰 h_{eq} を式（C6.2.3）より求める。

$$h_{eq} = h_0 + \frac{K_0 + K_f}{\pi\mu_{ma}}\ln\frac{K_0/K_f + \mu_{ma} - 1}{(K_0/K_f)\mu_{ma}^{K_f/K_0}} \tag{C6.2.3}$$

$$\mu_{ma} = \delta_s/\delta_y \tag{C6.2.4}$$

ここに，δ_y は弾塑性ダンパーの降伏変位，μ_{ma} は弾塑性ダンパーの塑性率である。

3) 図 6.2.1 に示すように，減衰 h_{eq} での S_A–S_D スペクトル曲線に免震層の復元力特性および限界変形 δ_s での割線剛性を重ね，それらの交点より免震層に働くせん断力 Q_r を求める。応答加速度は Q_r を用いて次式で求める。

$$_HA_{eq} = \frac{Q_r}{M_R}, \quad _VA_{eq} = \frac{_HA_{eq}}{F_h} \quad ただし，\quad F_h = \sqrt{\frac{1+25h_0}{1+25h_{eq}}} \tag{C6.2.5～C6.2.7}$$

免震層の最大変位 δ_m は式（C6.2.8）により求める。

$$\delta_m = Q_r/K_S \tag{C6.2.8}$$

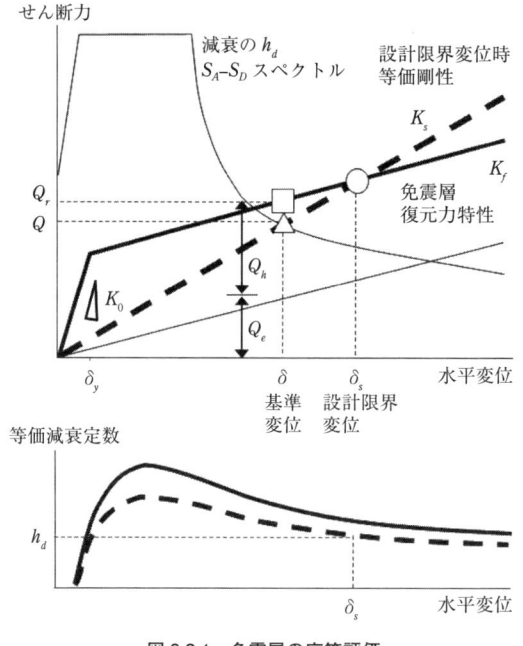

図 6.2.1 免震層の応答評価

4) 次に式（C6.2.5, C6.2.6）により得られた水平基準加速度 $_HA_{eq}$ および鉛直基準加速度 $_HA_{eq}$ に 5.3.2 項の増幅係数を乗じることで屋根各部設計用の地震荷重を求める。既往の研究[1-6.1]では応答スペクトルでの応答加速度評価の際に，弾性周期 T_0 と最大変形時の周期 T_S の平均値を用い，R_T の評価にもその値を使う事で屋根部の応答を精度良く評価できる事を示している。本項ではこれを簡略化し，R_T の評価に用いる屋根応答評価用の固有周期 T_{eq} を求める際に，初期剛性 K_0 と限界変形時の剛性 K_S の平均を取り，同値を用いた式（C6.2.10）により固有周期 T_{eq} を評価する[1-6.2]。

$$R_T = T_{eq}/T_R, \quad T_{eq} = \sqrt{\frac{2M_R}{K_0 + K_S}} \ (T_0 < 0.5\text{sec}), \quad T_{eq} = T_0 \ (T_0 \geq 0.5\text{sec}), \quad T_0 = \pi\sqrt{M_R/K_0}$$

(C6.2.9 ～ C6.2.12)

5) $_HA_{eq}$ および $_HA_{eq}$ に 5.3.2 項の増幅係数を乗じた加速度に屋根各部の質量を乗じた値を等価静的地震荷重として屋根各部に加え，発生した応力に対し各部材の検定を行う．また，屋根各部の変形を確認する．

(2) 粘性ダンパーを用いる場合

免震層に粘性ダンパーを用いた免震ラチスシェル屋根構造の応答評価法は，弾塑性ダンパーを用いる場合と同様，K_f を $T_f > 2.0$ sec となるよう設定し，減衰 h_{eq} での S_A–S_D スペクトル曲線と免震層の復元力特性の交点より求まるせん断力 Q_r を用いて式（C6.2.5 ～ C6.2.7）より応答加速度を求め，5.3.2 項の増幅係数を乗じた加速度に屋根各部の質量を乗じた値を等価静的地震荷重として屋根各部に加え，発生した応力に対し各部材の検定を行う．ただし，R_T を求める際の屋根応答評価用の固有周期 $T_{eq} = T_f$ とし，以下による．

$$R_T = T_{eq}/T_R \tag{C6.2.13}$$

上記手法で求められた球形ドーム，張弦材付き円筒ラチスシェル屋根構造の評価精度例（時刻歴応答解析との比較）を**図 6.2.2**，**6.2.3** に示す[1-6.2]．

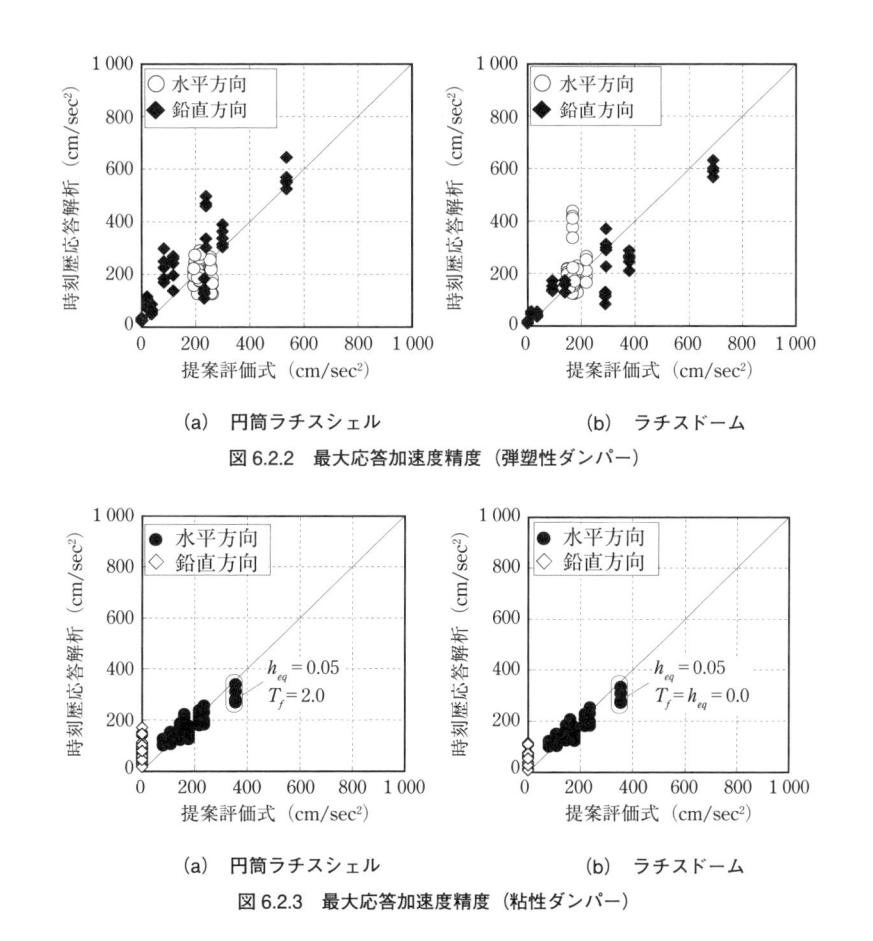

(a) 円筒ラチスシェル (b) ラチスドーム

図 6.2.2 最大応答加速度精度（弾塑性ダンパー）

(a) 円筒ラチスシェル (b) ラチスドーム

図 6.2.3 最大応答加速度精度（粘性ダンパー）

第2章　耐震診断計算例

2.1　耐震診断計算例-1（N市市民体育館モデル）

2.1.1　静的耐震診断手法（第1章5.3節による評価）

　計算例1は，資料編A1.1で被害報告されているN市市民体育館を参考にモデルを設定した。図2.1に全体モデル図を示す。スパン方向52 m，桁行方向50 mの屋根支持部が鉄筋コンクリート構造，屋根部分が鉄骨トラス構造である鉄骨置屋根構造の体育館である。屋根支持部は，X方向（桁行方向）がラーメン架構，Y方向（スパン方向）が耐震壁付ラーメン架構となる2階建て構造であり，ギャラリーまでの1階部分は，ラーメン構造であるが，ギャラリーから屋根部分までは，スパン方向，桁行方向とも，片持ち柱となっている。

　図2.3の軸組図に示すように，屋根を支持する支承部は，C，M通りのみにある。

　屋根支承部は，C，Mフレームとも，ピン接合とする。

　ここで，桁行方向（D～L軸）については，屋根支承部が無いことから，第1章指針の「5.3 静的耐震診断手法」による検証は，スパン方向について行う。

　図2.4に部材断面の符号名を，表2.1に図2.4の部材断面符号の断面リストを示す。

　なお，断面リストは，片持ち柱をギャラリー上部とし，ギャラリー上部の部材断面のみを示す。片持ち柱は，柱脚部が2C1，2C2，柱頭部が3C1，3C2が該当する。

　使用材料は，使用コンクリートFc21，使用鉄筋梁，柱とも主筋SD345，せん断補強筋SD295，使用鉄骨材SS400とする。

　屋根面荷重は，1.40 (kN/m^2)（固定荷重+地震時積載荷重）とする。

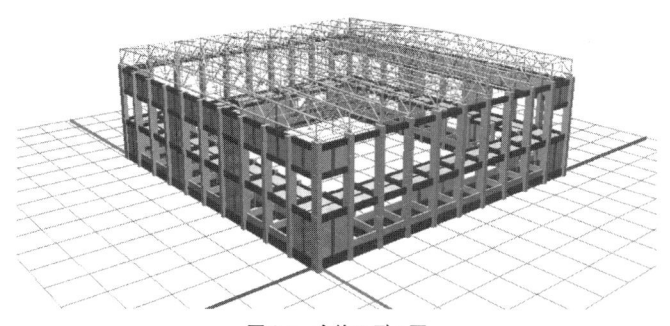

図2.1　全体モデル図

第2章　耐震診断計算例

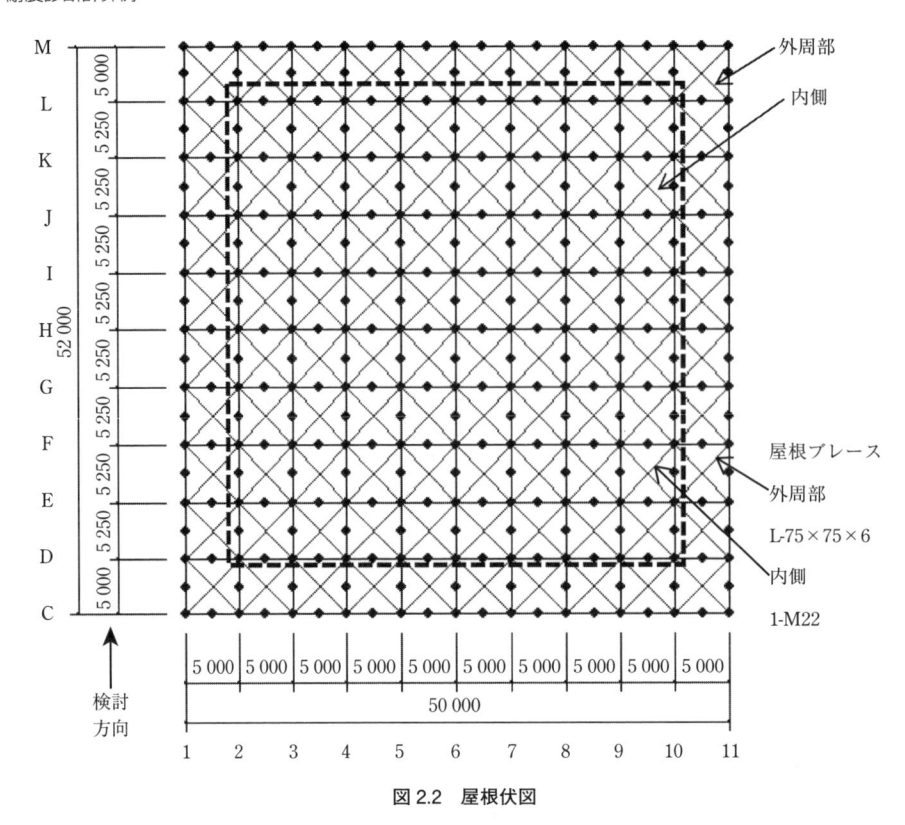

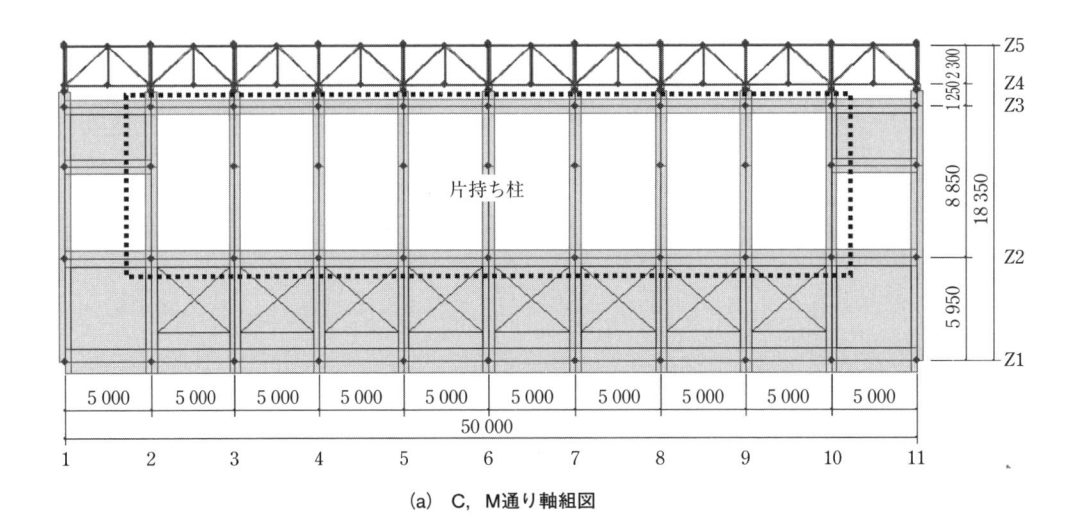

図2.2　屋根伏図

(a)　C，M通り軸組図

図2.3(a)　軸組図

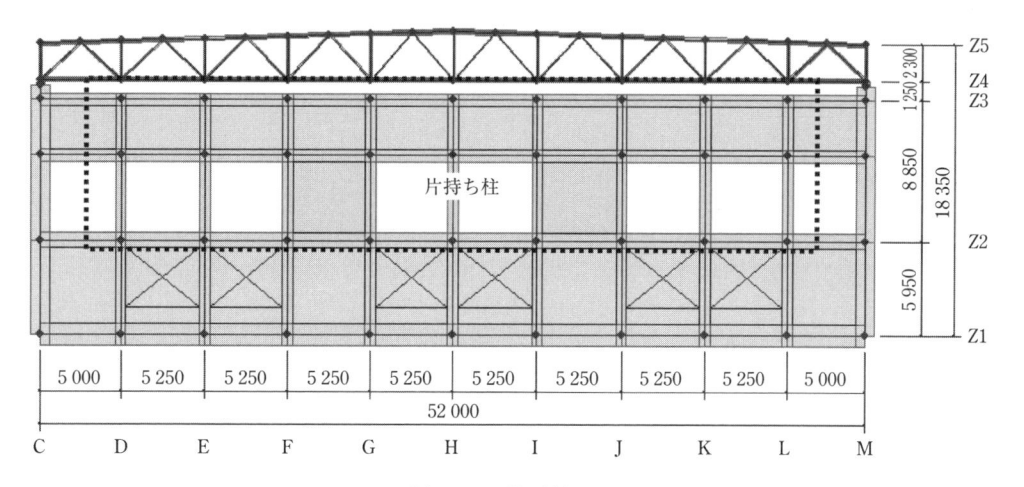

2.1 耐震診断計算例-1（N市市民体育館モデル）

(b) 1，11通り軸組図

図 2.3(b) 軸組図（つづき）

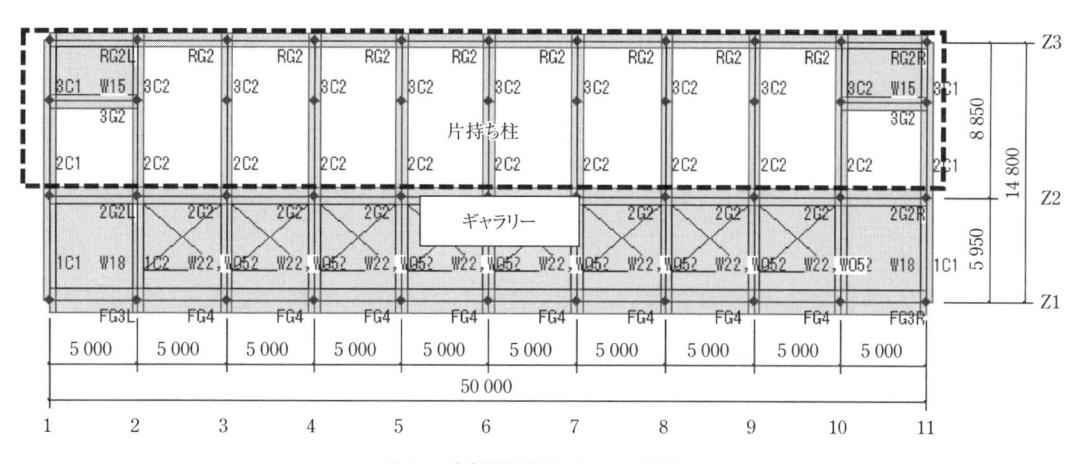

図 2.4 部材断面符号（C，M通り）

表 2.1 RC 梁，柱断面リスト

梁符号名	RG2		梁符号名	RG2L，RG2R			梁符号名	3G2	
部材断面(mm)	両端	中央	部材断面(mm)	外端	中央	内端	部材断面(mm)	両端	中央
450×800			450×800				450×800		
上端筋	4-D22	3-D22	上端筋	5-D22	5-D22	4-D22	上端筋	7-D25	5-D25
下端筋	4-D22	3-D22	下端筋	5-D22	5-D22	4-D22	下端筋	7-D25	5-D25
せん断補強筋	D10-@120		せん断補強筋	D10-@120			せん断補強筋	D10-@120	

柱符号名	2C1		柱符号名	3C1		柱符号名	2C2		柱符号名	3C2	
部材断面(mm)	主筋本数		部材断面(mm)	主筋本数		部材断面(mm)	主筋本数		部材断面(mm)	主筋本数	
650×1 200		7-D25	650×1 200		5-D25	650×1 200		7-D25	650×1 200		5-D25
		5-D25			5-D25			7-D25			4-D25
せん断補強筋	D13-@100		せん断補強筋	D13-@100		せん断補強筋	D13-@100		せん断補強筋	D13-@100	

(1) スパン方向 C，M フレーム片持ち架構の自立性の確認

片持ち柱の負担面積を図 2.5，節点の節点質量（単位 t）を図 2.6 に示す。

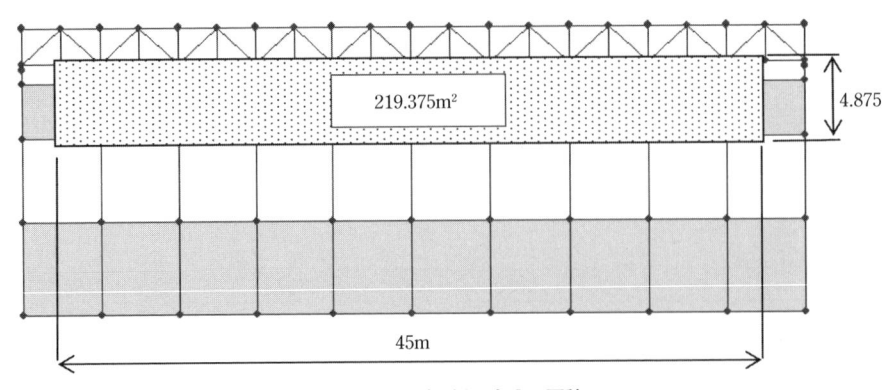

図 2.5　スパン側上半分の面積

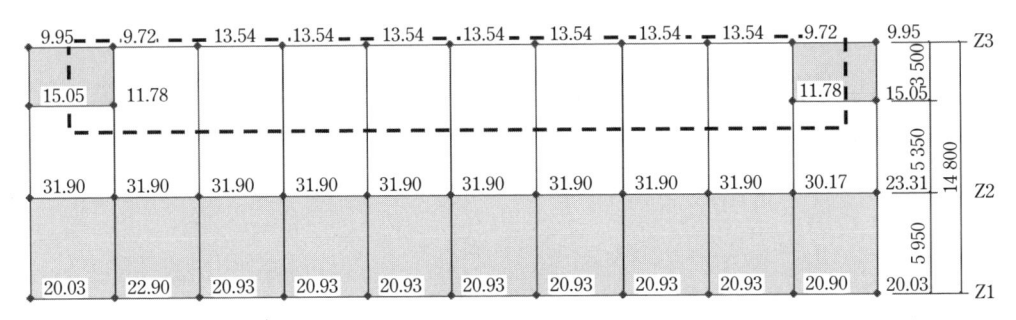

図 2.6　節点質量

表面上半分の面積 $= 4.875 \times 45 = 219.375\,(\mathrm{m}^2)$

点線で囲った部分の節点の質量和を求める。ただし，壁を配置した中間節点の質量は，ギャラリーから壁下までの高さと壁下から片持ち柱柱頭部分の高さの逆比で配分をした。

節点質量和　$\sum m_i = 9.72 \times 2 + 13.54 \times 7 + 2 \times 11.78 \times 5.35/(5.35+3.5) = 128.46\,(\mathrm{t})$

$m_{R1} = 128.46 \times 9.806/9 = 139.96\,(\mathrm{kN/柱})$

ここで，屋根を含めて，すべての層を剛床と仮定して，A_i 値を求める。

1 階部分を含む建物高さ（屋根支承部までの高さを設定）　$h = 15.75\,(\mathrm{m})$

1 次固有周期　$T = 0.02 \times 15.75 = 0.315\,(\mathrm{s})$

$m_1 = 1\,864.54\,(\mathrm{t}),\ m_2 = 824.37\,(\mathrm{t})$

$\alpha_2 = \dfrac{824.37}{(824.37 + 1\,864.54)} = 0.307$

$A_2 = 1 + \left(1/\sqrt{\alpha_2} - \alpha_2\right)\dfrac{2T}{1+3T} = 1 + \left(\dfrac{1}{\sqrt{0.307}} - 0.307\right) \times \dfrac{2 \times 0.315}{1 + 3 \times 0.315} = 1.485$

$F_{GAi}(R_T)$ を 1.4，Z を 1.0，F_h を 1.0，想定地盤が第 2 種地盤であり，$T = 0.315 < T_c = 0.6$ より，R_t は 1.0，さらに，C_0 を 0.7 に設定すると，α_R は以下となる。

$\alpha_R = F_{GAi}(R_T) \cdot Z \cdot R_t \cdot A_i \cdot F_h \cdot C_0 = 1.4 \times 1.0 \times 1.485 \times 1.0 \times 0.7 = 1.46$

2.1 耐震診断計算例-1（N市市民体育館モデル）

■柱の曲げ耐力

柱の曲げ耐力は，2007年技術解説書付1.3-11式で求める。なお，鉄筋の降伏強度は，材料強度の1.1倍とする。

軸力は，節点質量から，以下の値に設定する。

$$N = 13.54 \text{ (t)} \times 9.8065 = 133 \text{ (kN)}$$

柱の曲げ耐力は，2C2柱について求める。

$$\begin{aligned}
_cM_y &= 0.8 a_t \sigma_y D + 0.5 ND \left(1 - \frac{N}{bDF_c}\right) \\
&= 0.8 \times 7 \times 507 \times 345 \times 1.1 \times 1200 + 0.5 \times 133\,000 \times 1200 \times \left(1 - \frac{133\,000}{650 \times 1200 \times 21}\right) \\
&= 1372.1 \times 10^6 \text{ (Nmm)} = 1372.1 \text{ (kNm)}
\end{aligned}$$

境界ばりRG2の弱軸方向の曲げ耐力を求める。

RC柱と同様に，2007年版技術解説書付1.3-5式で求める。なお，鉄筋の降伏強度は，柱と同様に，材料強度の1.1倍とする。

$$_bM_y = 0.9 a_t \sigma_y d = 0.9 \times 2 \times 387 \times 345 \times 1.1 \times (450 - 0.1 \times 450) = 107.1 \times 10^6 \text{ (N·m)} = 107.1 \text{ (kN·m)}$$

ここで，スパン長さが $L = 5 \text{ (m)}$ より，

$$_bQ_{yi} = {_bM_y}/L = \frac{107.1}{5} = 21.4 \text{ (kN)}$$

したがって，鉄骨屋根支承部の反力 R_a は以下となる。

$$\begin{aligned}
R_a &= \left(\sum_i (\alpha_R \cdot m_{Ri} \cdot {_RH_i}) - \sum_i {_cM_{yi}} - 2 {_bQ_{yi}} \cdot {_RH_0}\right)/(n \cdot {_RH}) \\
&= (1.46 \times 139.96 \times 9.75 \times 9 - 9 \times 1372.1 - 2 \times 21.4 \times 9.75)/(9 \times 9.75) \\
&= (17\,931.0 - 12\,348.9 - 417.3)/(9 \times 9.75) = 58.9 \text{ (kN)} > 0
\end{aligned}$$

したがって，<u>スパン方向のRC片持ち架構は自立しない。</u>

(2) 鉄骨支承部の反力 R_a による検証

鉄骨支承部のベースプレートの形状などを以下に示す。スパン方向に対して，ベースプレートの形状は，幅が400 mm，成が500 mmである。

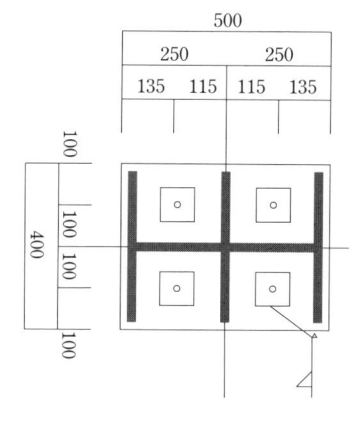

ベースプレート　400×500×22
リブプレート　PL-16
アンカーボルト　4-M22 $L=1\,000$mm
アンカーボルト材質　SS400
座金　PL-80×80×9
コンクリート強度　Fc21
コンクリートヤング係数　21 682 （N/mm²）

図2.7

日本建築学会 2010 改定「各種合成構造設計指針・同解説」の第 4 編「4.2.2 せん断力を受ける場合」の (4),(5),(6) 式で検証する。

アンカーボルトの断面積　軸部 320.5 mm^2,ネジ部 303.4 mm^2

アンカーボルトの一本当たりの許容せん断耐力 q_a を以下で求める。

支承部に曲げが生じ,アンカーボルトが引張を受ける場合,アンカーボルトのせん断強度 $_s\sigma_{qa}$ は,軸力の影響を考慮した関係式 ($_s\sigma_{qa} = \sqrt{1-(N/N_y)^2} \cdot _s\sigma_y/\sqrt{3}$) から求める。ここで,$N$ はアンカーボルトの引張軸力,N_y は,アンカーボルトの降伏軸力を示す。

アンカーボルトの引張軸力 N (概算) は,屋根面の下弦部分に作用するせん断力と,屋根面の下弦部分と片持ち柱の柱頭面との偏心距離 e,ベースプレートの引張側アンカーボルトの重心から圧縮側ベースプレート端までの距離を j として,反曲点が屋根面の下弦部分と片持ち柱の柱頭面の中央 (1/2) にあるとして,以下の関係式から求める。

$$N = \frac{1}{4} \cdot \frac{Q_s \cdot e}{j}$$

ここで,Q_s は,屋根面の下弦部のせん断力とする。

屋根面の下弦部のせん断力 Q_s は,屋根面の重量が 1.40 (kN/m^2) から,屋根負担面積を 5 × 52/2 = 130 (m^2) として,「(1) スパン方向 C,M フレーム片持ち架構の自立性の確認」に従って,A_i 値を 1.485,C_0 値を 0.7 として求める。

$$Q_s = 1.40 \times 130 \times 1.485 \times 0.7 = 189.2 \text{ (kN)}$$

偏心距離 e が 0.35 (m),j が 0.5 − 0.135 = 0.365 (m) から,Q_s によるアンカーボルトの引張軸力は以下となる。

$$N = \frac{1}{4} \times \frac{189.2 \times 0.35}{0.365} = 45.4 \text{ (kN/本)}$$

アンカーボルトの降伏軸力 N_y は,軸部の断面積から求める。

$$N_y = 4 \times 320.5 \times 235 = 301.3 \times 10^3 \text{ (N)} = 301.3 \text{ (kN)}$$

したがって,N/N_y の概算値は,45.4 × 2/301.3 = 0.30 程度であることから,本例では,N/N_y を 0.3 と仮定した。

アンカーボルトが引張の場合

$$_s\sigma_{qa} = \sqrt{[1-(N/N_y)^2]} \cdot _s\sigma_y/\sqrt{3} = \sqrt{(1-0.3^2)} \times 1.1 \times 235/\sqrt{3} = 142.4 \text{ (N/mm}^2\text{)}$$

アンカーボルトが圧縮の場合

$$_s\sigma_{qa} = 0.7 _s\sigma_y = 0.7 \times 1.1 \times 235 = 181.0 \text{ (N/mm}^2\text{)}$$

$$_c\sigma_{qa} = 0.5\sqrt{F_c \cdot E_c} = 0.5 \times \sqrt{21 \times 21682} = 337.4 \text{ (N/mm}^2\text{)}$$

$c = 1200/2 - 115 = 485$ (mm) より,$A_{qc} = 0.5\pi \cdot c^2 = 0.5 \times \pi \times 485^2 = 369490$ (mm^2)

$$_c\sigma_t = 0.31\sqrt{F_c} = 0.31 \times \sqrt{21} = 1.42 \text{ (N/mm}^2\text{)}$$

$\phi_1 = 1$, $\phi_2 = 2/3$ より

アンカーボルトが引張の場合

$$q_{a1} = \phi_1 \cdot _s\sigma_{qa} \cdot _{sc}a = 1.0 \times 142.4 \times 303.4 = 43.2 \times 10^3 \text{ (N)} = 43.2 \text{ (kN)}$$

アンカーボルトが圧縮の場合

$$q_{a1} = \phi_1 \cdot {}_s\sigma_{qa} \cdot {}_{sc}a = 1.0 \times 181.0 \times 303.4 = 54.9 \times 10^3 \,(\text{N}) = 54.9 \,(\text{kN})$$

$$q_{a2} = \phi_2 \cdot {}_c\sigma_{qa} \cdot {}_{sc}a = \frac{2}{3} \times 337.4 \times 303.4 = 68.2 \times 10^3 \,(\text{N}) = 68.2 \,(\text{kN})$$

$$q_{a3} = \phi_2 \cdot {}_c\sigma_t \cdot A_{qc} = \frac{2}{3} \times 1.42 \times 369\,490 = 349.8 \times 10^3 \,(\text{N}) = 349.8 \,(\text{kN})$$

ここで，${}_{sc}a$ はアンカーボルトのネジ部の断面積を示す。

上記の結果から，支承部の最小のせん断耐力は，アンカーボルトのせん断強度により決まる。

2本のアンカーボルトが引張および圧縮軸力を受けるとして，4本分のアンカーボルトのせん断耐力は，$Q_u^s = 2 \times 43.2 + 2 \times 54.9 = 196.2 \,(\text{kN})$ となる。

$Q_u^s/Q_{un}^s = Q_u^s/R_a = 196.2/58.9 = 3.33 > 1.0$ から，鉄骨支承部の反力 R_a に対して，耐力は充足している。ただし，アンカーボルトの曲げメカニズムを考慮した場合に，例えば $h = 70\text{mm}$ として，$q_{a4} = 2M_{pA}/h = 2 \times d_a^3 \times {}_s\sigma_{qa}/(6h) = 2 \times 22^3 \times 235/(6 \times 70) = 11.9 \,(\text{kN})$ から，4本分のアンカーボルトのせん断耐力は，$Q_u^s = 4 \times 11.9 = 47.6 \,(\text{kN})$ となる。この場合，鉄骨支承部の反力 $R_a = 58.9 \,(\text{kN})$ に対して耐力は不足し，モルタル破壊の危険性が残る。

（3）屋根面架構の検討

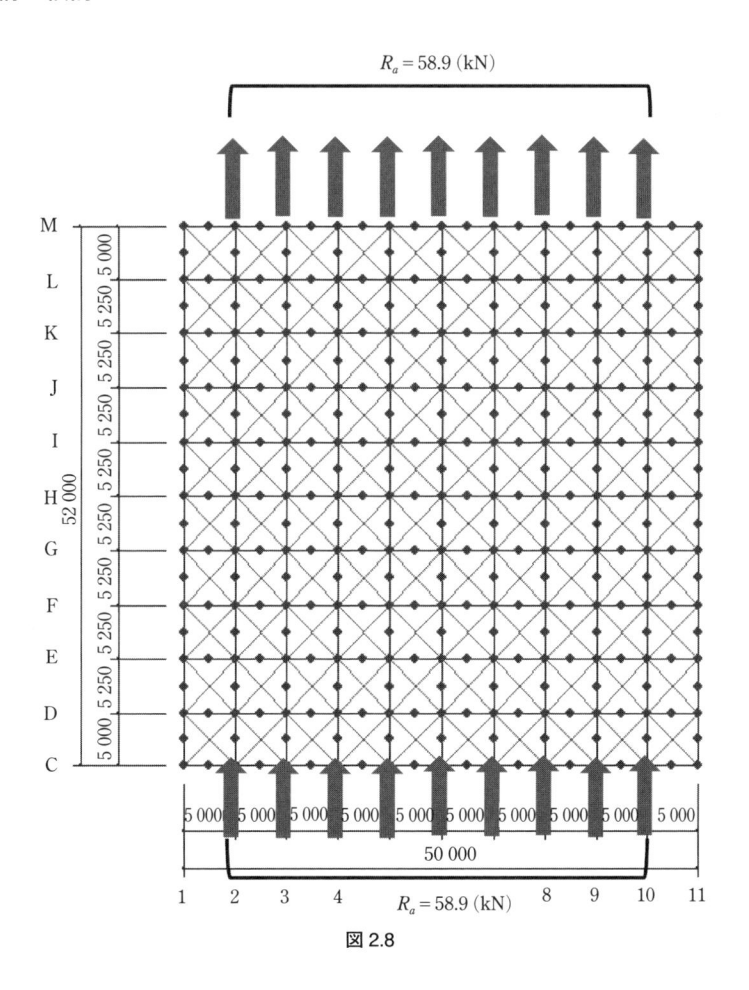

図2.8

■屋根部の応答せん断力

屋根面荷重 $1.40\,(\text{kN/m}^2)$（固定荷重＋積載荷重）とする。

ライズ h/スパン $L = 0.78\,(\text{m})/52\,(\text{m}) = 0.015$ から，

$$\theta = \sin^{-1}\left(\frac{4(h/L)}{1+4(h/L)^2}\right) = \sin^{-1}\left(\frac{0.06}{1.0009}\right) = 3.44°$$

角度が $25°$ 以下であるので，$F_H = 1.0$ とする。

$$A_{eq} = Z \cdot R_t \cdot A_R \cdot F_h \cdot C_0 = 1.0 \times 1.0 \times 1.485 \times 1.0 \times 0.7 = 1.04$$

周辺，中央 $q = 1.40 \times 1.04 = 1.46\,(\text{kN/m}^2)$

■屋根ブレース耐力

屋根ブレースは，引張のみを考慮する。なお，引張耐力は，屋根ブレースの軸部で決まるとする。

■2-3 間

$$Q_{un}^s = 35\,(\text{m}) \times 52/2\,(\text{m}) \times 1.46\,(\text{kN/m}^2) + 7 \times 58.9 = 1\,740.9\,(\text{kN})$$

水平ブレース 1-M22 断面積 $380.1\,(\text{mm}^2)$，有効断面積 $0.75 \times 380.1 = 285.1\,(\text{mm}^2)$

使用鋼材 SS400，降伏強度を材料強度の 1.1 倍とする。

$$N_a = 285.1 \times 235 \times 1.1 = 73.7 \times 10^3\,(\text{N}) = 73.7\,(\text{kN})$$

2-3 間のスパン方向せん断力 Q_u^s

$L_x = 5.0\,(\text{m})$，$L_y = 5.25\,(\text{m})$ から，

$$\cos\theta = \frac{5.25}{\sqrt{5.0^2 + 5.25^2}} = 0.724$$

ブレース本数 10 本，非保有水平耐力接合として，屋内運動場等の耐震性能診断基準（屋体基準）[1-1.1] に従い靱性指標 F 値を 1.3 に設定する。

$$Q_u^s = N_a \times \cos\theta \times n \times F = 73.7 \times 0.724 \times 10 \times 1.3 = 693.7\,(\text{kN})$$

したがって，$Q_u^s/Q_{un}^s = 693.7/1\,740.9 = 0.40 < 1.0$ から，<u>屋根ブレースの耐力は不足している。</u>

■1-2 間

$$Q_{un}^s = 1\,740.9\,(\text{kN}) + 1.46 \times 5 \times 52 + 2 \times 58.9 = 2\,238.3\,(\text{kN})$$

水平ブレース L-75×75×6 断面積 $872.7\,(\text{mm}^2)$，有効断面積 $0.75 \times 872.7 = 654.5\,(\text{mm}^2)$

使用鋼材 SS400 から，

$$N_a = 654.5 \times 235 \times 1.1 = 169.2 \times 10^3\,(\text{N}) = 169.2\,(\text{kN})$$

1-2 間のスパン方向せん断力 Q_u^s

$L_x = 5.0\,(\text{m})$，$L_y = 5.0\,(\text{m})$ から，

$$\cos\theta = \frac{5.0}{\sqrt{5.0^2 + 5.0^2}} = 0.707$$

ブレース本数 10 本，非保有水平耐力接合として，屋内運動場等の耐震性能診断基準（屋体基準）に従い靱性指標 F 値を 1.3 に設定する。

$$Q_u^s = N \times \cos\theta \times n \times F = 169.2 \times 0.707 \times 10 \times 1.3 = 1\,555.1\,(\text{kN})$$

したがって，$Q_u^s/Q_{un}^s = 1\,555.1/2\,238.3 = 0.69 < 1.0$ から，<u>屋根ブレースの耐力は不足している。</u>

(4) 側面支承部の検討

■側面支承部反力

支承部2カ所，端部（1–2間）の Q_{un}^s が 2 238.3 (kN) より，側面支承部の反力 R_b は以下となる。

$R_b = 2\,238.3 / 2 = 1\,119.2\,(\mathrm{kN})$

ベースプレートの耐力は，「(2) 鉄骨支承部の反力 R_a による検討」より，Q_u^s は，196.2 (kN) となる。

$Q_u^s / Q_{un}^s = Q_u^s / R_b = 196.2 / 1\,119.2 = 0.18 < 1.0$

したがって，側面支承部の耐力は不足している。

2.1.2 動的耐震診断手法（第1章5.2節による評価）

2.1.1項で静的耐震診断手法により検証したモデルに対して，時刻歴応答解析により，動的耐震解析手法による検討例を示す。なお，静的耐震診断手法と同様に，スパン方向の検証を行う。

入力地震波は，建築基準法施行令第82条の5の五のハに示された工学的基盤のスペクトルに対して，告示平12建告第1457号第10の表2の第2種地盤相当の地盤増幅率を考慮した。包絡関数は，Jennings型として，「新・地震動のスペクトル解析入門」大崎順彦著に記述された関係で求め，$T_b / T_d = 0.083$，$T_c / T_d = 0.425$ に設定した。

作成した地震波は計3波（地震波1，地震波2，地震波3）であり，位相を，乱数位相として，80秒の継続時間を設定した。作成した地震波3波の最大加速度（絶対値）は，地震波1が553.5 (cm/s^2)，地震波2が561.1 (cm/s^2)，地震波3が558.7 (cm/s^2) であった。

図2.9は，検討する地震波の時刻–加速度関係（地震波1），地震波1，地震波2，地震波3の加速度応答スペクトルを示している。加速度応答スペクトルの関係から，周期0.16〜0.86（秒）に

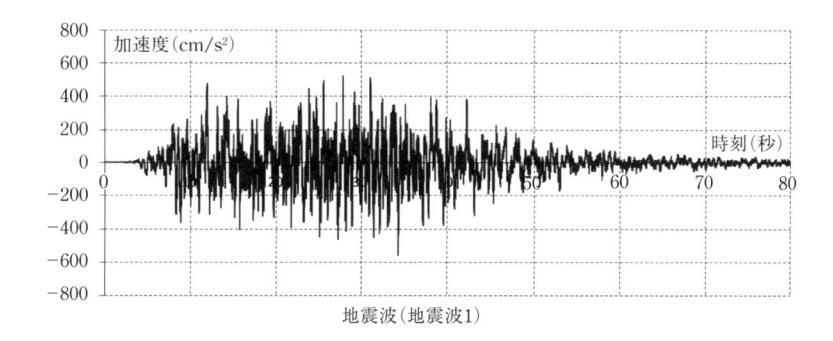

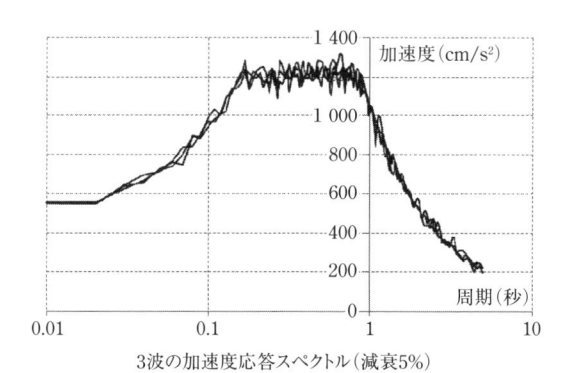

図2.9 地震波と加速度スペクトル

第2章 耐震診断計算例

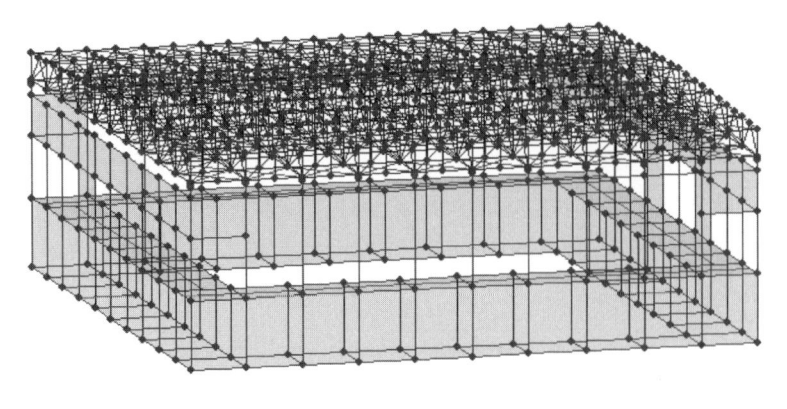

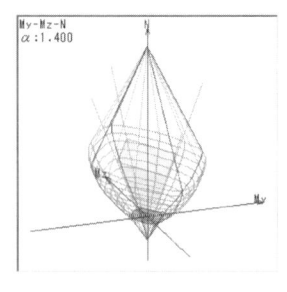

解析モデル　　　　　　　　　　　　RC柱のMN関係出力例

図2.10　解析モデルおよびRC柱MN関係出力例

おいて，最大加速度は1 200 (cm/s^2) となる。

解析モデルは，図2.10に示すように，立体モデルとして，RC梁，RC柱，RC壁は弾塑性モデルとした。RC柱，RC壁の曲げ耐力は，MNモデルとして，2007年技術解説書「付録1-3 鉄筋コンクリート造に関する技術資料」に基づき，軸力と曲げの降伏関係を求めた。

RC梁の曲げの復元力特性は武田モデル，RC梁，柱，壁のせん断力の復元力特性は，原点指向型モデルとした。

屋根ブレースは，引張のみ弾性として，圧縮荷重に対しては，剛性を0とした。

鉄骨支承部は，スプリングによりモデル化をした。せん断，軸方向に関しては，大きな剛性(1 000 kN/mm) を設定し，回転方向については，ベースプレートのアンカーボルトから回転剛性を設定した。なお，スプリングは弾性とした。

Y方向の屋根支持部が卓越する周期は，表2.2よりY方向の有効質量M_yが最も大きくなる，5次モードの周期0.455（秒）とする。図2.11は，5次のモード図を示している。

減衰は，瞬間剛性比例型として，5次モード（周期0.455（秒））に対して，RC造部分に減衰定数3％，S造屋根部分に減衰定数2％を設定した。

表2.2　固有値解析結果

次数	周期	振動数	円振動数	刺激係数			有効質量比		
	T	f	ω	β_x	β_y	β_z	M_x	M_y	M_z
1	1.146	0.873	5.485	1.297	0	0	9.178	0	0
2	0.6	1.668	10.481	0	0	−1.512	0	0	8.997
3	0.531	1.884	11.837	0	0	0	0	0	0
4	0.52	1.921	12.072	0.007	0	0	0	0	0
5	0.455	2.2	13.824	0	1.545	0	0	18.318	0
6	0.413	2.419	15.198	0	0	0.642	0	0	0.668
7	0.389	2.57	16.149	0	0	0	0	0	0
8	0.338	2.957	18.581	0	−0.636	0	0	2.94	0
9	0.334	2.996	18.823	0.932	0	0	4.376	0	0
10	0.291	3.433	21.573	2.009	0	0	18.643	0	0

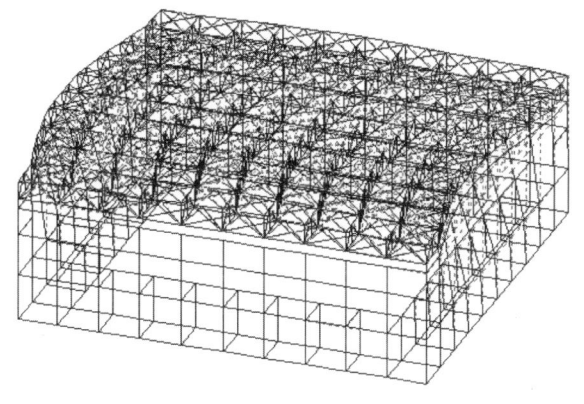

2.1 耐震診断計算例−1（N市市民体育館モデル）

図2.11　5次モード図

図2.9の加速度応答スペクトルから，Y方向の屋根支持部の周期を0.455（秒）とすると，屋根部分において，最大で，応答加速度が1 200 (cm/s^2) 程度になることが予測される。

時刻歴応答解析は，(株)構造システム SNAP Ver.6により行った。以下，応答解析結果から，屋根ブレース，鉄骨支承部の検証を行う。

(1) 屋根ブレース耐力

地震波3波による応答解析結果から，屋根ブレースの耐力充足率を確認する。

検証する屋根ブレースは，内側（1–M22），外周部（L–75 × 75 × 6）として，地震波3波の最大応答軸力から求めた軸力で検証をする。なお，本モデルは対称モデルであるので，モデルを平面上，1/4に区切った範囲（図2.2のX方向1～6フレーム，Y方向C～Hフレーム間）で確認をする。

図2.12は，地震波3波の屋根ブレースの最大引張軸力を示している。

静的耐震診断手法の結果より，内側の屋根ブレース1–M22の耐力は，73.7 (kN/本) である。

図2.12において，○で示した内側の屋根ブレースは，最大引張軸力が，引張軸方向耐力73.7 (kN) を超え，耐力が不足している。

図2.12において，内側と同様に△で示した外周部の屋根ブレースの最大引張軸力ブレース（L–75 × 75 × 6）が，引張軸方向耐力169.2 (kN/本) を超え，耐力が不足している。

なお，充足率は，軸力で検証するので，QをNに置き換えている。

内側の屋根ブレースについては，図2.12に示すように，5–6フレームD–Hフレーム間を除いて，屋根ブレースの耐力は不足している。外周部に関しては，地震波2で耐力が不足している屋根ブレースがあるが，3波の地震波の平均を取ると，耐力以下であることから，外周部については，耐力は充足していると判断する。

診断としては，内側の屋根ブレースの耐力が不足しているので，耐力は不足していると判定する。

第2章 耐震診断計算例

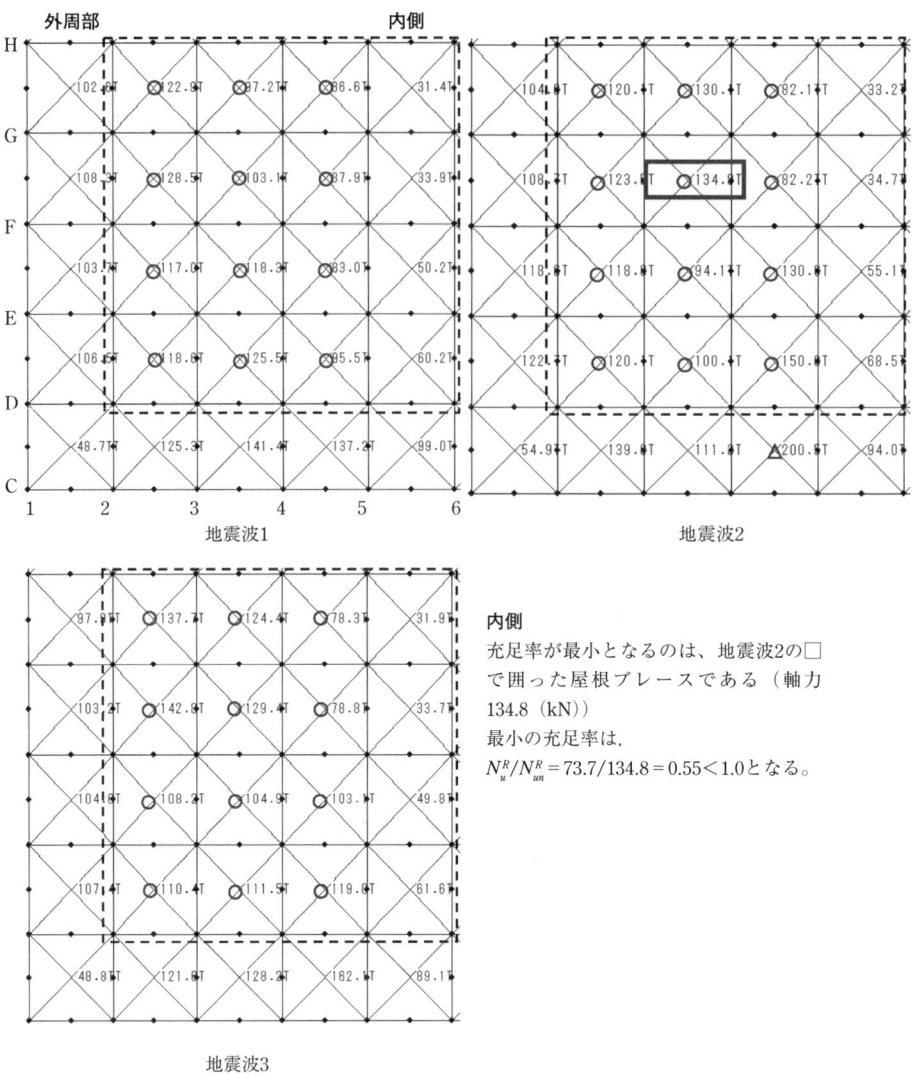

図2.12 屋根ブレースの最大応答軸力

内側
充足率が最小となるのは、地震波2の□で囲った屋根ブレースである（軸力 134.8（kN））
最小の充足率は、
$N_u^R/N_{un}^R = 73.7/134.8 = 0.55 < 1.0$ となる。

（2） 鉄骨支承部の検証

表2.3は、地震波1，地震波2，地震波3による鉄骨支承部の長期荷重によるせん断力を含めた最大応答せん断力を示している。なお、単位は、kNである。

「(2) 鉄骨支承部の反力 R_a による検証」より、鉄骨支承部のせん断耐力 Q_u^s は、196.2（kN）である。

したがって、各通りの鉄骨支承部の充足率は、以下となる。なお、最大応答せん断力 Q_{un}^s は平均値とする。

表2.3 鉄骨支承部の最大応答せん断力

地震波1	985.6	151.2	128.6	153.8	110.7	160.1
地震波2	1059.2	158.3	115.9	135.0	105.9	164.2
地震波3	1006.1	152.8	130.8	129.0	105.9	173.3
平均	1017.0	154.1	125.1	139.3	107.5	165.9

1 フレーム（側面支承部） $Q_u^s/Q_{un}^s = 196.2/1\,017.0 = 0.19 < 1.0$ 側面支承部の耐力は<u>不足している</u>
2 フレーム $Q_u^s/Q_{un}^s = 196.2/154.1 = 1.27 > 1.0$ 支承部の耐力は充足している
3 フレーム $Q_u^s/Q_{un}^s = 196.2/125.1 = 1.57 > 1.0$ 支承部の耐力は充足している
4 フレーム $Q_u^s/Q_{un}^s = 196.2/139.3 = 1.41 > 1.0$ 支承部の耐力は充足している
5 フレーム $Q_u^s/Q_{un}^s = 196.2/107.5 = 1.83 > 1.0$ 支承部の耐力は充足している
6 フレーム $Q_u^s/Q_{un}^s = 196.2/165.9 = 1.18 > 1.0$ 支承部の耐力は充足している

鉄骨支承部の検証より，<u>側面支承部の耐力は不足している。</u>ただしアンカーボルトの曲げメカニズム破壊を考慮した場合には，上記で耐力が充足していると判定された個所でもモルタル破壊の危険性がある。

（3）まとめ

静的耐震診断手法と動的耐震診断手法の判定結果は，ほぼ同じであった。静的耐震診断手法と動的耐震診断手法とも，側面支承部のせん断耐力の不足，屋根ブレースの耐力の不足により，屋根支承部の診断としてはNGとなった。

N市市民体育館の被害分析から，側面支承部が降伏することにより，資料編A1.1で報告されているように，順次，中心方向（1→2→3→4→5→6）に向かって，支承部が降伏することが示された。被害分析では，支承部がピン−ローラーのために，ローラーがルーズホール端（ルーズホールの長さは29 mm）に達する前までは，ピンの支承部，ローラーが，ルーズホール端に達した後は，ピンとローラーの支承部でせん断力を負担することになる。

被害調査から，ローラー部分の側面に近い支承部において，アンカーボルトの破断が見られることから，側面支承部付近のベースプレートが29 mm以上移動したことが考えられ，「資料編A2　鉄骨置屋根支承部の実験例」の結果などから，敷モルタルの破断，粉砕，圧潰は生じるものと判断される。

静的耐震診断手法，動的耐震診断手法とも，支承部を弾塑性モデルとしていないので，支承部の降伏の進行を追跡した判定は行っていない。

しかし，計算例−1の支承部は，ピン−ピンの支承部であり，ローラー支承部と比較すると，支承部のせん断力の負担は低減するが，ピン−ピンの支承部も，側面支承部が降伏することにより，中心方向に向かって，順次支承部が降伏すると予測され，N市市民体育館の被害状況を反映した診断結果となった。

動的耐震診断手法による時刻歴応答解析結果から，屋根中央部分の最大応答加速度は，地震波1が868.2 (cm/s^2)，地震波2が895.5 (cm/s^2)，地震波3が838.9 (cm/s^2)，最大層せん断力係数は，地震波1が0.904，地震波2が0.926，地震波3が0.881であった。また，屋根支持部のギャラリー（図2.3のZ2層）の層せん断力係数は，地震波1が0.530，地震波2が0.578，地震波3が0.553，屋根支持部（図2.3，Z3層）の層せん断力係数は，地震波1が0.741，地震波2が0.783，地震波3が0.696であった。

動的耐震診断手法による置屋根部の層せん断力係数が，静的耐震診断手法で仮定した層せん断力係数0.7以下である理由は，動的耐震診断手法では屋根支持部の梁，柱，壁の塑性化を考慮したためと判断される。

固有値解析の1次固有周期から，5%減衰時に最大応答加速度は1 200 (cm/s^2) 程度になることを

示した。また，応答解析結果より，屋根中央部部分の3波の最大応答加速度の平均が868 (cm/s^2) から，屋根支持部の塑性化により，応答値が約0.72倍に低減した。

限界耐力計算の減衰による加速度の低減式，$F_h = 1.5/(1+10h)$ から，h を求めると，$h = 0.11$ 程度となり，屋根支持部の塑性化により，5％程度減衰が付加されたことがわかる。

計算例–1では，静的耐震診断手法において，標準層せん断力係数を0.7と仮定した。動的耐震診断手法による層せん断力係数の結果から，ギャラリーでは3波の最大応答せん断力係数の平均値が，0.55程度であるが，屋根支持部の塑性化による低減が無いとした場合，0.55/0.72 = 0.76となり，静的耐震診断手法で仮定した標準層せん断力係数0.7の設定は妥当と判断される。

静的耐震診断手法において，第1章「4.2 想定地震力」の想定地震力 Q_i で，F_h を考慮できる。

F_h については，第1章「4.2 想定地震力」に記載された方法などを参考に決めることができるが，F_h を考慮する際には，設計用ベースシアー係数 C_0 などを適切な値に設定する必要がある。

2.2 耐震診断計算例–2（茨城県N高校モデル）

2.2.1 静的耐震診断手法

次に，資料編A1.3に被害報告されている茨城県N高校体育館をモデルとし，2.3節の静的耐震診断手法による検討例を示す。なお，部材の耐力評価は文部科学省：屋内運動場等の耐震性能診断

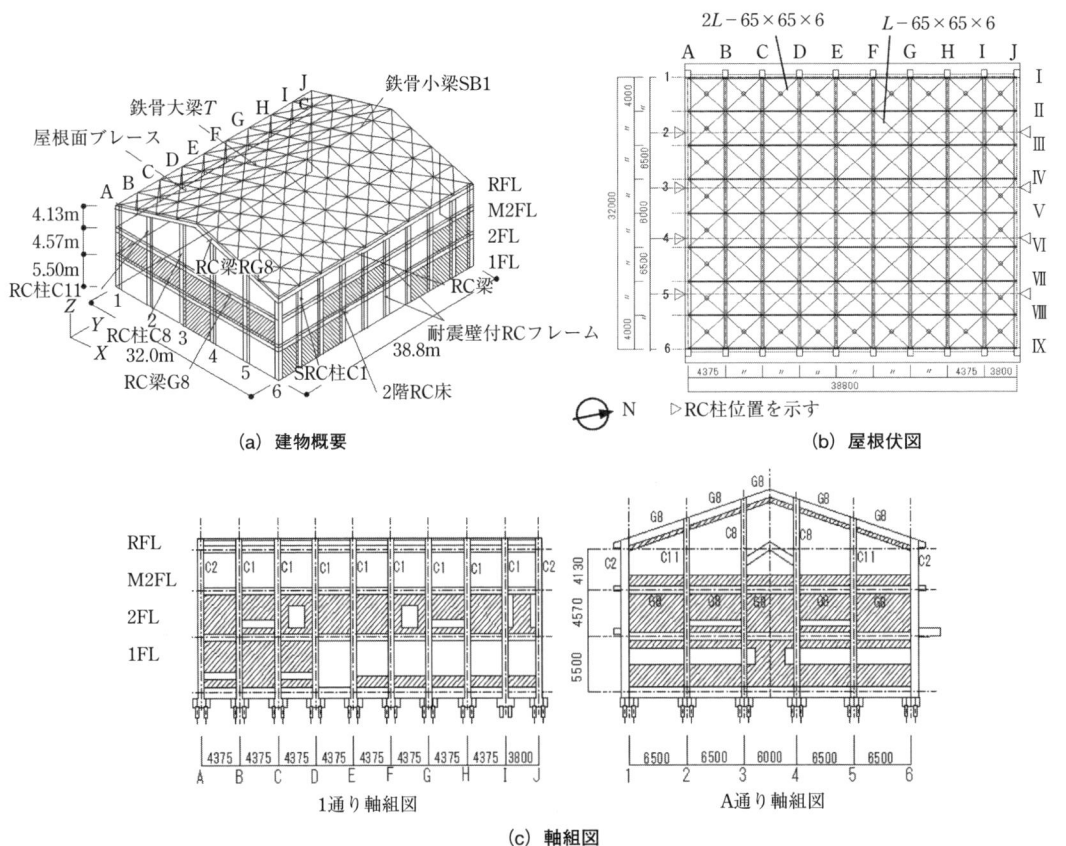

(a) 建物概要

(b) 屋根伏図

(c) 軸組図

図2.13 検討対象建物

2.2 耐震診断計算例-2（茨城県N高校モデル）

表2.4 部材断面リスト

使用部材		解析モデル							
	部材断面 (mm)	細長比 λ	断面積 A(cm²)	断面2次モーメント I(cm⁴)	降伏応力度 (N/mm²)	ヤング率 E(N/mm²)	ひび割れ時モーメント M_c(KNm)	降伏モーメント M_y(KNm)	ひび割れ後剛性低減率
RC柱（A-2 3F）C11	650×500		3 250	887 900	コンクリート 20.6 (圧縮強度) 鉄筋 344 (SD295)	19 710	101.7	374.4	0.39
RC柱（A-2 2F）C11	650×500		3 250	887 900			122.1	414.5	0.41
RC柱（A-3 3F）C8	650×500		3 250	887 900			102.1	375.2	0.39
RC柱（A-3 2F）C8	650×800		5 200	3 548 000			281	832.9	0.37
RC柱（J-2 3F）C10	650×650		4 225	1 806 000			164.2	432.1	0.31
RC柱（J-2 2F）C10	650×650		4 225	1 886 000			198.7	580.5	0.38
RC柱（J-3 3F）C9	650×400		2 600	465 300			75.1	299.6	0.43
RC柱（J-3 2F）C9	650×700		4 550	2 522 000			251.8	853.7	0.44
RC梁（妻A, J通 3F）G8	750×620		4 650	2 599 000			133.8	185.6	0.16
RC梁（妻A, J通 2F）G8	750×350		2 625	300 900			47.2	94.9	0.21
RC柱（桁1, 6通 B-I, 3F）C1	900×700		6 300	3 236 600			257.5	772.2	0.34
RC柱（桁1, 6通 A, J, 3F）C2	900×700		6 300	2 952 000			232.8	461.8	0.24
鉄骨大梁T	H-700×300×13×24	61.1	231.5	10 800	258 (SS400)	205 000	座屈荷重 169.44		引張降伏
鉄骨小梁sB1	H-200×100×5.5×8	195	26.67	134			141.5		688
水平ブレース（外周）	2L-65×65×6	444	15.05	24.4			14.03		388
水平ブレース（内部）	L-65×65×6	444	7.527	12.2			7.02		194

基準（2009），支承部の耐力評価は日本建築学会：各種合成構造設計・施工指針（2011）に拠る。建物概要を図2.13に，部材断面を表2.4に示す。

(1) 妻面RC片持ち架構の自立性の検討

屋根を剛とした建物全体の質量分布に基づくAi分布により，屋根部の$A_R = 1.5$とする。

妻面上半分の面積 = $(9.8 + 13.5) \times 25.5 / 4 = 148.5$ m²

$m_{Ri} = 148.5 \times 5.6$ kN/m² $/4 = 208$ （kN/柱）

$R'_M = 6.5$，$R_{M3} = 3$，$R_T = 1.0$ より，$F_{GAi}(R_T) = 1.4$ として，

$a_R = F_{GAi}(R'_T) \times Z \times R_t \times A_R \times F_h \times C_0 = 1.4 \times 1.0 \times 1.0 \times 1.5 \times 1.0 \times 0.7 = 1.47$

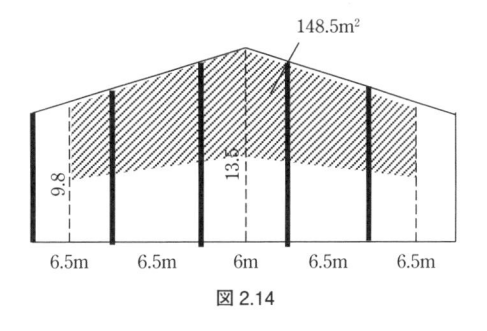

図2.14

（柱（5-D25）の曲げ耐力）

$$_cM_y = 0.8a_t\sigma_y D + 0.5ND\left(1 - \frac{N}{bDF_c}\right)$$

$$= 0.8 \times 5 \times 507 \text{ mm}^2 \times 295 \times 650 + 0.5 \times 131\,000 \times 650 \times \left(1 - \frac{131\,000}{500 \times 650 \times 21}\right)$$

$$= (389 + 41) \times 10^6 \text{ Nmm} = 430 \text{ kNm}$$

（梁（2-D25）の曲げ耐力）

$$_bM_y = 0.8 \times 2 \times 507 \text{ mm}^2 \times 295 \times 350 = 83 \text{ kNm}$$

$$R_a = (4 \times 1.47 \times 208 \text{ kN} \times 11.5 \text{ m} - 2 \times 83 \text{ kNm}/4 \text{ m} \times 11.5 \text{ m} - 4 \times 430 \text{ kNm})/(7 \times 11.5) \text{ (C5.3.3)}$$

$$= (14\,065 \text{ kNm} - 477 \text{ kNm} - 1\,720 \text{ kNm})/80.5 = 148 \text{ kN} > 0$$

よって妻面 RC 片持架構は自立しない。

（梁の影響を無視し，1 本の柱に対して $R_a = (1.47 \times 208 \text{ kN} - 430 \text{ kNm}/11.5 \text{ m}) \times 4/7 = 153 \text{ kN}$ としても良い）

(2) 妻面支承部の検討

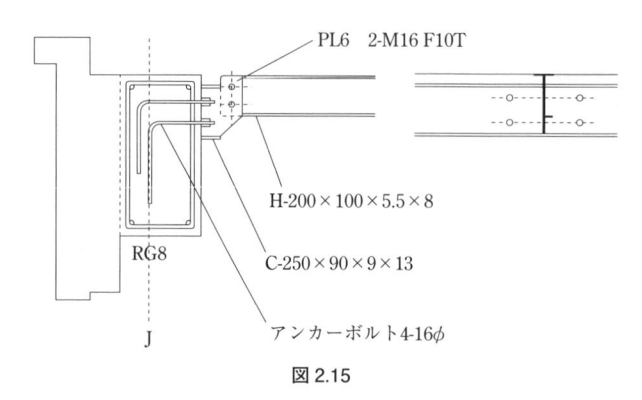

図 2.15

アンカー（4–φ16, $Ae = 150 \text{ mm}^2 \times 4$, SS400）　$Q_{un}^R = 600 \text{ mm}^2 \times 235 = 141 \text{ kN}$

$Q_u^S / Q_{un}^S = Q_{un}^S / R_a = 141 \text{ kN}/148 \text{ kN} = 0.95 < 1.0$　NG,

よって支承部は耐力が不足している。

(3) 屋根面架構の検討

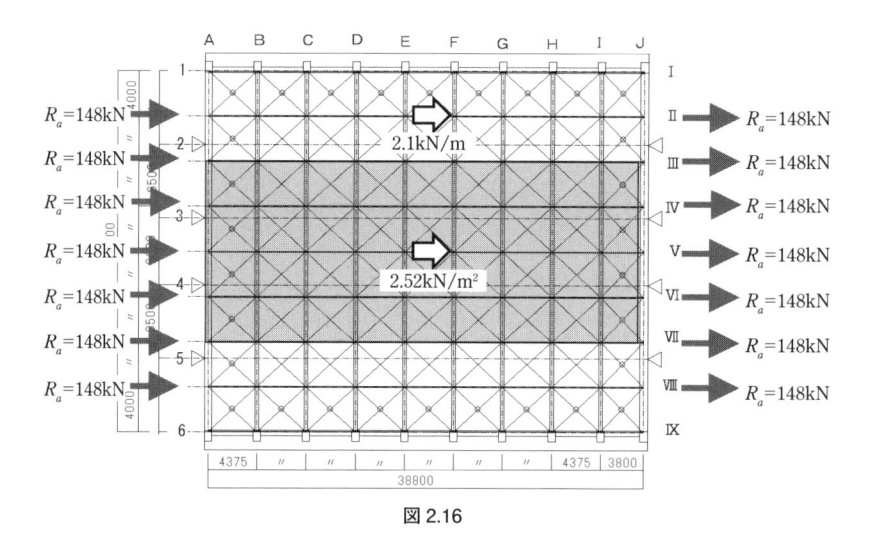

図 2.16

■妻面小梁の検討

H–200×100×5.5×8　（$A = 2\,667 \text{ mm}^2$　$i = 22.4 \text{ mm}$, SS400）

$L = 4\,300$, $\lambda = 191$, $f_c = 38.5 \text{ N/mm}^2$

$N_a = 103 \text{ kN} < R_a = 148 \text{ kN}$　NG

よって妻面小梁は座屈する。

2.2 耐震診断計算例 –2（茨城県N高校モデル）

■屋根部の応答せん断力

ライズ h/スパン $L = 4.8 \text{ m}/32 \text{ m} = 0.3$, $\theta = \sin^{-1}(1.2/1.36) = 62°$

桁行方向なので1章5.3.2項に従い屋根部の増幅を考慮し，中央部に水平応答率 $F_H = 1.2$ を考慮する。

$A_{eq} = Z \times R_t \times A_i \times F_h \times C_0 = 1.0 \times 1.0 \times 1.5 \times 1.0 \times 0.7 = 1.05$

周辺：$q = 2.0 \times 1.05 = 2.1 \text{ kN/m}^2$

中央：$q = 2.0 \times 1.05 \times 1.2 = 2.52 \text{ kN/m}^2$

■屋根ブレース耐力

II–III間：$Q_{un}^S = 8 \text{ m} \times 38.8 \text{ m} \times 2.52 + 2 \text{ m} \times 38.8 \times 2.1 \text{ m} + 148 \text{ kN} \times 5 = 1\,685 \text{ kN}$

L–65×65×6 （2–M20, $A = 753 \text{ mm}^2$, $Ae = 441 \text{ mm}^2$）非保有耐力接合

$Na = 753 \times 235 \times 1.1 \times 0.8 = 155 \text{ kN}$

II–III間の桁行せん断力 $Q_u^S = Na \times \cos\theta \times n \times F = 155 \times 0.71 \times 9 \times 1.3 = 1\,287 \text{ kN}$

$Q_u^S/Q_{un}^S = 1\,287/1\,685 = 0.76 < 1.0$　NG

したがって屋根ブレースの耐力は不足している。

I–II間：$Q_{un}^S = 1\,685 \text{ kN} + (2.1 \text{ kN/m}^2 \times 4 \text{ m} \times 38.8 \text{ m}) + 148 \times 2 = 2\,307 \text{ kN}$

2L–65×65×6 （2–M20, $A = 753 \times 2 \text{ mm}^2$, $Ae = 441 \times 2 \text{ mm}^2$）非保有耐力接合

$Na = 753 \times 2 \times 235 \times 1.1 \times 0.8 = 311 \text{ kN}$

I–II間の桁行せん断力 $Q_u^S = Na \times \cos\theta \times n \times F = 311 \times 0.71 \times 9 \times 1.3 = 2\,583 \text{ kN}$

$Q_u^S/Q_{un}^S = 2\,583/2\,307 = 1.12 > 1.0$　OK

したがって屋根ブレースの耐力は充足している。

（4） 側面支承部の検討

側面支承部反力 $R_b = 2\,307/8 = 289 \text{ kN}$ に対し各種合成構造設計・施工指針で検討する。

$_s\sigma_{qa} = [1-(N/N_y)^2]\,_s\sigma_y/\sqrt{3} = 123 \text{ N/mm}^2$, $_c\sigma_{qa} = 0.5\sqrt{F_c \cdot E_c} = 0.5\sqrt{20.6 \times 19\,710} = 319 \text{ N/mm}^2$,

$_c\sigma_t = 0.31\sqrt{F_c} = 0.31\sqrt{20.6} = 1.4 \text{ N/mm}^2$, $_{sc}a = 353 \text{ mm}^2$（有効断面積）

$A_{qc} = 0.5\pi \times c^2 = 0.5\pi \times 250^2 = 98\,125 \text{ mm}^2$（**図 2.17**右）

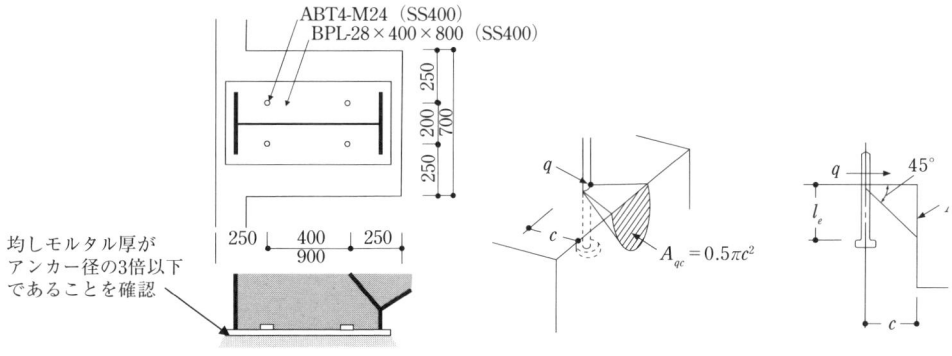

図 2.17

$$\begin{cases} q_{a1} = \phi_1 \cdot {}_s\sigma_{qa} \cdot {}_{sc}a = 1.0 \times 123 \times 353 = 43.4 \text{ kN} \\ q_{a2} = \phi_2 \cdot {}_c\sigma_{qa} \cdot {}_{sc}a = 0.67 \times 319 \times 353 = 75.1 \text{ kN} \quad \rightarrow q_a = 43.4 \text{ kN} \\ q_{a3} = \phi_2 \cdot {}_c\sigma_t \cdot A_{qc} = 0.67 \times 1.4 \times 98\,125 = 92.0 \text{ kN} \end{cases}$$

4本分のせん断耐力は $Q_u = 43.4 \times 4 = 173.6$ kN, $Q_u / Q_{un} = 173.6 / 289 = 0.60 < 1.0$　NG
したがって側面支承部の耐力は不足している。

2.2.2　動的耐震診断手法

　同モデルを第1章5.2節の動的耐震診断手法で検討した事例は文献1-5.6)で紹介されている。地震入力は2011年東日本大震災時に現地近傍で観測された地震波を用いている。この地震波による応答はおおむね $C_0 = 1.0$ 相当であり，静的耐震診断手法で仮定した $C_0 = 0.7$ よりやや大きい。

　動的耐震診断手法により得られた各部の応答は以下のとおりである。

　　片持ち架構最大応答加速度 $1\,500 \sim 3\,000$ cm/sec^2

　　支承部反力 $R_a = 200 \sim 300$ kN

　　屋根ブレース最大軸力 $120 \sim 150$ kN

　なお，屋根ブレース最大軸力は支承部が141 kNで破壊するモデルによるものであり，過小評価となっている。上記の各値は静的耐震診断手法により得られた値よりやや大きく，実際の被害とも対応した内容になっている。

2.3　耐震診断計算例-3（Ⅰ市総合体育館モデル）

2.3.1　静的耐震診断手法

　資料編A1.2で被害報告されているⅠ市総合体育館について，第1章5.3節の静的耐震診断手法による検討例を示す。

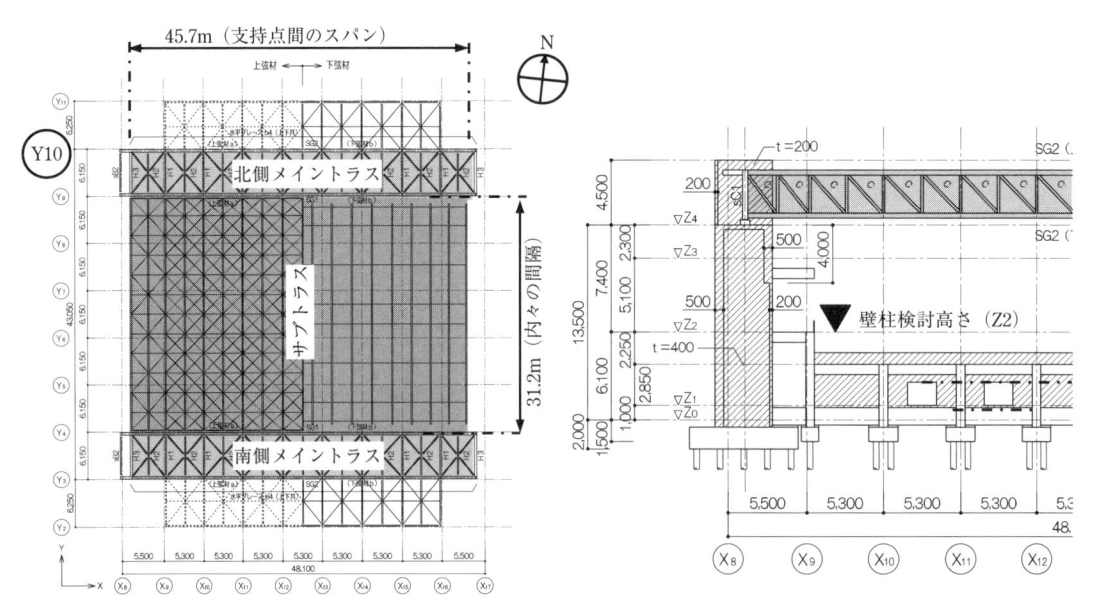

図2.18　屋根伏図，Y10通り軸組図

2.3 耐震診断計算例-3（I市総合体育館モデル）

この例では，図 2.18 に示したように屋根を支持する部材が南北 2 つのメイントラスの両端に配置された 4 つの階段室（ボックス形状の壁柱，以降「ボックス壁柱」）となっている。提案の診断手法では，まず検討地震入力方向に直交する RC 片持ち架構の評価を行うことになるが，この片持ち架構に相当する部材をボックス形状の壁柱とみなして検討する。

(1) 検討用地震力の検討

1) 固有周期（T_s）の設定：固有値解析結果から求めた（X 方向）$T_1x = 0.119$(S)，（Y 方向）$T_1y = 0.093$(S) を用いる。簡易的に $T_s = 0.02H$（RC 造の場合）でも構わないことになっているが，仮に屋根支持点高さ $H = 13.5$(m) から求めると，$T_1 = 0.27$(s) と比較的大きな差になる。
2) 層せん断力の高さ分布：A_i 分布とする。今回に限り簡易的に扱うため X 方向と Y 方向のそれぞれの値の平均値を用いる。
3) 振動特性係数（R_t）：2 種地盤（$T_c = 0.6$）であり T_1x，$T_1y < T_c$ より $R_t = 1.0$ とする。
4) 片持ち架構の増幅率（$F_{GAi}(R'_T)$）：屋根は四隅のボックス壁柱により支持されており，屋根面と片持ち架構との応答に関する相互の影響は無いとし，$F_{GAi}(R'_T) = 1.0$ とする。
5) 減衰による応答低減係数（F_h）：減衰による応答低減を期待しないとし，$F_h = 1.0$ とする。
6) ベースシア係数（C_0）：$C_0 = 0.7$（耐震診断における Iso に相当）とする。
7) 地域係数（Z）：$Z = 1.0$ とする。

表 2.5 検討用地震荷重，等価せん断剛性

階	階高 (m)	各階重量 (kN)	A_i 分布		平均 A_i	Q_i (kN) 両方向	H_i (kN) 両方向	等価せん断剛性 (kN/cm)	
			X 方向	Y 方向				X 方向	Y 方向
Ztu：トラス上面	3.00	3 450	−	−	−	−	3 885	−	−
Ztb：トラス下面	0.65	1 819	1.664	1.552	1.608	3 885	1 589	105 992	45 249
Z4：ボックス壁頂部	2.30	5 145	1.529	1.439	1.484	5 474	4 180	210 683	287 090
Z3：南側屋根	5.10	12 829	1.353	1.294	1.324	9 654	9 312	156 725	784 705
Z2：観客席	5.10	28 168	1.181	1.151	1.166	18 966	−	127 905	326 662
Z1：−	1.00	−	−	−	−	−	−	−	−
Z0：基礎	−	39 501	1.000	1.000	1.000	−	−	385 720	333 532

RC 片持架構等価質量高さレベルの応答加速度 α_R（式(C5.3.1)）から検討用地震力を求める。

$$\alpha_R \times W_R = (F_{GAi}(R'_T) \times Z \times R_t \times A_i \times F_h \times C_0) \times W_R = 9\,654 \text{ (kN)}$$

トラス下面（Ztb 階）の層せん断力 Qt は，

$$Qt = F_{GAi}(R'_T) \times Z \times R_t \times A_i(i=t_b) \times F_h \times C_0 \times \Sigma W_i(i=t_u)$$
$$= 1.0 \times 1.0 \times 1.0 \times 1.608 \times 1.0 \times 0.7 \times (3\,450) = 1.126 \times 3\,450 = 3\,885 \text{ (kN)}$$

ボックス壁頂部（Z4 階）の層せん断力 $Q4$ は，

$$Q4 = F_{GAi}(R'_T) \times Z \times R_t \times A_i(i=4) \times F_h \times C_0 \times \Sigma W_i(i=t_b)$$
$$= 1.0 \times 1.0 \times 1.0 \times 1.484 \times 1.0 \times 0.7 \times (3\,450 + 1\,819) = 1.039 \times 5\,269 = 5\,474 \text{ (kN)}$$

南側屋根（Z3 階）の層せん断力 $Q3$ は，

$$Q3 = F_{GAi}(R'_T) \times Z \times R_t \times A_i(i=3) \times F_h \times C_0 \times \Sigma W_i(i=t_b) + Z \times R_t \times A_i(i=3) \times F_h \times C_0 \times W_i(i=4)$$
$$= 1.0 \times 1.0 \times 1.324 \times 1.0 \times 0.7 \times (5\,269) + 1.0 \times 1.0 \times 1.324 \times 1.0 \times 0.7 \times (5\,149)$$

$$= 0.927 \times 5\,269 + 0.927 \times 5\,145 = 9\,654\,(\text{kN})$$

観客席（Z2階）の層せん断力 $Q3$ は，

$$Q2 = F_{GAi}(R'_T) \times Z \times R_t \times A_i\,(i=2) \times F_h \times C_0 \times \Sigma W_i\,(i=t_b) + Z \times R_t \times A_i\,(i=2) \times F_h \times C_0 \times W_i\,(i=4,3)$$

$$= 1.0 \times 1.0 \times 1.0 \times 1.166 \times 1.0 \times 0.7 \times (5\,269) + 1.0 \times 1.0 \times 1.166 \times (5\,149 + 12\,829)$$

$$= 0.816 \times 5\,269 + 0.816 \times 17\,974 = 18\,966\,(\text{kN})$$

(2) ボックス壁柱の自立性の検討

四隅のボックス壁柱は2階観客席レベルで床で相互につながっているので，Z2レベルで検討する。

1) 1つのボックス壁柱の転倒モーメント（M'_R）の算定
   - メイントラス支持脚から，ボックス壁柱へ軸力とせん断力の伝達は可能だが，曲げモーメントについては無視してZ4階（ボックス壁柱）に上階水平力の全てを作用させる。
   - Z3階は，部分的に存在する屋根で構成されており，一部のボックス壁柱へ部分的につながった配置形状となっているが無視する。
   - 四隅の柱の長期軸力差として生じている長期転倒モーメントを無視する。

   この条件で転倒モーメント M_R を求めると，

   $$M_R = (3\,885 + 1\,589 + 4\,180) \times (2.3 + 5.1) = 71\,440\,(\text{kN·m})$$

   この応力が，4カ所のボックス壁柱へ均等に作用した場合の転倒モーメント M'_R は，

   $$M'_R = M_R / 4 = 17\,860\,(\text{kN·m})\ となる。$$

2) 1つのボックス壁柱の曲げ強度（M'_{wu}）の算定

   ボックス壁柱の曲げ強度計算に必要な寸法，部材配置，配筋を図2.19に示す。検討では，辺長の短い方向（X方向）について検討した場合を示す。せん断強度の検討を省略している。

   コンクリート強度　$F_c = 21\,(\text{N/mm}^2)$

   引張側柱の主筋の全断面積

   $$a_t = 20 \times 387 = 7\,740\,(\text{mm}^2)$$

   引張側柱の主筋の降伏強度

   $$\sigma_y = 345 \times 1.1 = 380\,(\text{N/mm}^2)$$

図2.19 ボックス壁柱の断面寸法と配筋

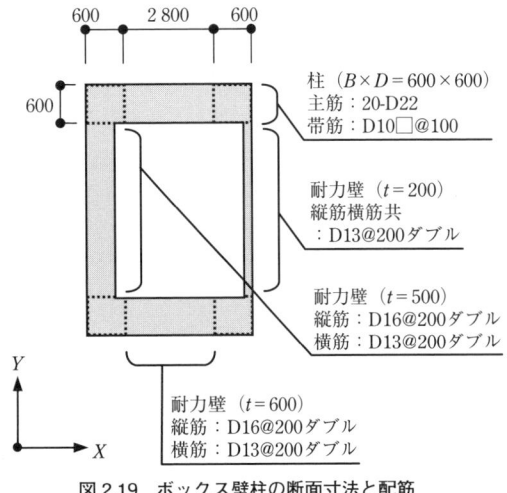

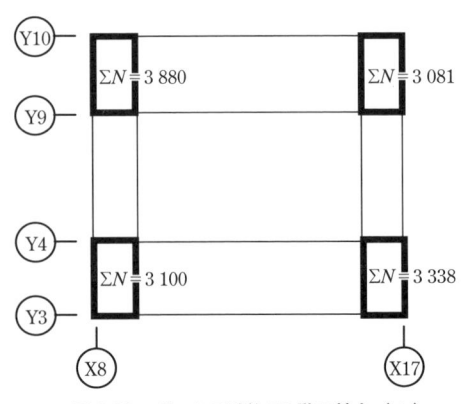

図2.20 ボックス壁柱 Z2階の軸力（kN）

耐力壁の縦筋の断面積

$$a_w = \left(\frac{2\,800}{200}\right) \times 2 \times 199 = 5\,572 \text{ (mm}^2)$$

耐力壁の縦筋の降伏強度

$$\sigma_{xy} = 295 \times 1.1 = 325 \text{ (N/mm}^2)$$

耐力壁の全長 $D = 4\,000$ (mm)

圧縮側外縁の柱幅 $B = 600$ (mm)

I 形断面耐力壁（長方形断面）の場合の両側柱中心間距離

$$l_w = 0.9 \times D = 3\,600 \text{ (mm)}$$

Z2 階の耐力壁の平均軸方向力

$$\overline{N} = (3\,100 + 3\,338 + 3\,880 + 3\,081)/4$$
$$= 3\,350 \text{ (kN)}$$

各ボックス壁柱は各方向共 2 構面からなっているので

$$\overline{N'} = \frac{3\,350}{2} = 1\,675 \text{ (kN)}$$

耐力壁の曲げ強度 M_{wu} を，2 つの略算式を用いて求める。

$$M_{wu} = 0.9 \times 7\,740 \times 380 \times 4\,000 + 0.4 \times 5\,572 \times 325 \times 4\,000 + 0.5 \times 1\,675 \times 10^3 \times 4\,000$$
$$\times \left(1 - \frac{1\,675 \times 10^3}{600 \times 4\,000 \times 21}\right)$$
$$= 16\,724 \text{ (kN·m)}$$

$$M_{wu} = 7\,740 \times 380 \times 3\,600 + 0.5 \times 5\,572 \times 325 \times 3\,600 + 0.5 \times 1\,675 \times 10^3 \times 3\,600$$
$$= 16\,863 \text{ (kN·m)}$$

ボックス壁柱 1 つの曲げ強度は，$M'_{wu} = 2 \times 16\,724 = 33\,448$ (kN·m) $> M'_R$

したがって，1), 2) の結果と Z2 〜 Z4 の高さ $H = 7.4$ (m) から，

$$R_a = (M_R/H - \Sigma M_{wu}/H) = \left(\frac{71\,440}{7.4} - \frac{(16\,724 \times 2) \times 4}{7.4}\right) = -8\,426 \text{ (kN)} \leq 0$$

よって，<u>ボックス壁柱は片持ち架構として自立する。</u>

(3) 屋根ブレースせん断力の評価

1) 地震方向別に有効なブレース本数（n）の設定

ブレース配置を**図 2.21** に示す。

サブトラスに配置されたブレースのうち，メイントラス際の部材について検討する。

屋根面ブレース材の断面は，ϕ-89.1×3.2（$A = 863.6$ mm^2）となっている。

X 方向地震時に有効と考えたブレースを $X8$ 〜 12′ 通り間に，Y 方向地震時に有効なブレースを X12′ 〜 X17 通り間に示した。なお，検討を容易にするため都合良くメイントラスを剛体と仮定した結果，**図 2.21** のように作用する地震方向別に有効になるブレース本数は $n_X = 32$ 本，$n_Y = 32$（本）となる。

なお，屋根ブレースは引張のみ有効とした。

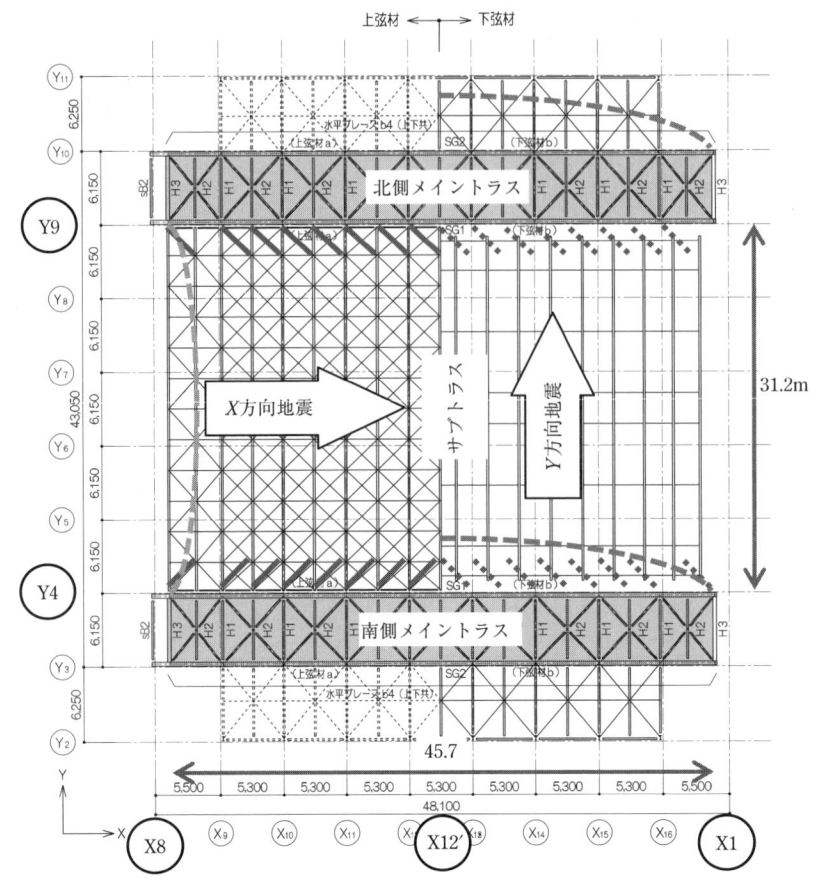

図2.21 屋根メイントラスの上下弦レベル伏図

2) 屋根面の水平応答増幅係数（F_H）の算定

屋根面のライズは，スパン$L = 45.7$ (m)に対する水下とスパン中央の屋根ライズ$h = 0.5$ (m)となっている。したがって，

$$\text{ライズスパン比} \quad h/L = \frac{500}{45\,700} = 0.011$$

$$\text{半開角} \quad \theta = \sin^{-1}\left(\frac{4 \times 0.011}{1 + 4 \times 0.011^2}\right) = 2.52°$$

よって，スパンが30 m以上であるが半開角が25°未満となっているので，鉄骨屋根の水平地震入力に対する水平応答の励起は無いと判断し，$F_H = 1.0$とする。

3) 屋根面に作用する等価静的荷重係数（$F_H \cdot A_{eq}$）の算定

表2.5より屋根面のA_i分布$A_R = 1.608$となっているので，

$$F_H \cdot A_{eq} = F_H \cdot Z \cdot R_t \cdot A_R \cdot C_0 = 1.0 \times (1.0 \times 1.0 \times 1.608 \times 1.0 \times 0.7) = 1.13$$

4) 検討対象の屋根ブレースに作用する地震力（Qun'_R）の算定

屋根の荷重は，$\omega = \dfrac{(3450 + 1819)}{48.1 \times (43.05 + 0.3)} = 2.52$ (kN/m²)となっている。

中央，周辺共に屋根面に作用する応答水平力qは，

$$q = F_H \times A_{eq} \times \omega = 1.0 \times 1.13 \times 2.52 = 2.85 \text{ (kN/m}^2\text{)}$$

X方向地震時に片側のメイントラス際のブレースに作用する地震力 Qun'_R は，

(X方向) $Qun'_R = 2.52 \times 1.13 \times 45.7 \times \dfrac{31.2}{2} = 2\,031.8$ (kN)

同様に，Y方向地震時の片側のメイントラス際のブレースに作用する地震力 Qun'_R は，

(Y方向) $Qun'_R = 2.52 \times 1.13 \times \dfrac{45.7}{2} \times 31.2 = 2\,031.8$ (kN)

5) 検討対象の屋根ブレースの耐力（Qu_R）の算定

屋根ブレース部材の引張耐力（Na）は，屋根ブレースの軸部で決まるものとする。
水平ブレース ϕ-89.1×3.2，断面積 863.6 (mm²)，使用鋼材 SS400，降伏強度を材料強度の 1.1 倍として求めると，

$$Na = 863.6 \times 235 \times 1.1 \times 10^{-3} = 223.2 \text{ (kN)}$$

求めた Na を用いて X 方向に有効な屋根面ブレース耐力 Qu_R を求める。

$L_x = 2.54$ (m)，$L_Y = 2.8$ (m) から $\cos\theta = \dfrac{2.54}{\sqrt{2.54^2 + 2.8^2}} = 0.672$

片側のメイントラス際のブレース数 16 台，保有水平耐力接合とし，屋内運動場等の耐震性能診断基準に従い靱性指標 F 値 1.3 から屋根面ブレース耐力を求める。

(X方向) $Qu_R = Na \times \cos\theta \times n \times F = 223.2 \times 0.672 \times 16 \times 1.3 = 3\,119.8$ (kN)

同様に，Na を用いて Y 方向に有効な屋根面ブレース耐力 Qu_R を求める。

$L_x = 2.54$ (m)，$L_Y = 2.8$ (m) から $\sin\theta = \dfrac{2.8}{\sqrt{2.54^2 + 2.8^2}} = 0.741$

片側のメイントラス際のブレース 16 台，保有水平耐力接合とし，靱性指標 F 値 1.3 から屋根面ブレース耐力を求める。

(Y方向) $Qu_R = 223.2 \times 0.741 \times 16 \times 1.3 = 3\,440.1$ (kN)

したがって，4)，5) の結果から，

(X方向) $Qu_R / Qun_R = \dfrac{3\,119.8}{2\,031.8} = 1.54 > 1.0$

よって，<u>X方向地震時の屋根ブレースの耐力は充足している。</u>

(Y方向) $Qu_R / Qun_R = \dfrac{3\,440.1}{2\,031.8} = 1.69 > 1.0$

よって，<u>Y方向地震時の屋根ブレースの耐力は充足している。</u>

(4) 支持部の評価
■支持脚の検討

1) 支持脚（H-350×350×12×19）の 8 カ所すべてに作用する合計せん断力 ΣQ

トラス構面方向（H形鋼弱軸方向），トラス直交方向（H形鋼強軸方向）共に，8 カ所すべての支持脚に作用する合計せん断力は，**表 2.5** より，

$\Sigma Q_X = \Sigma Q_Y = 5\,474$ (kN)

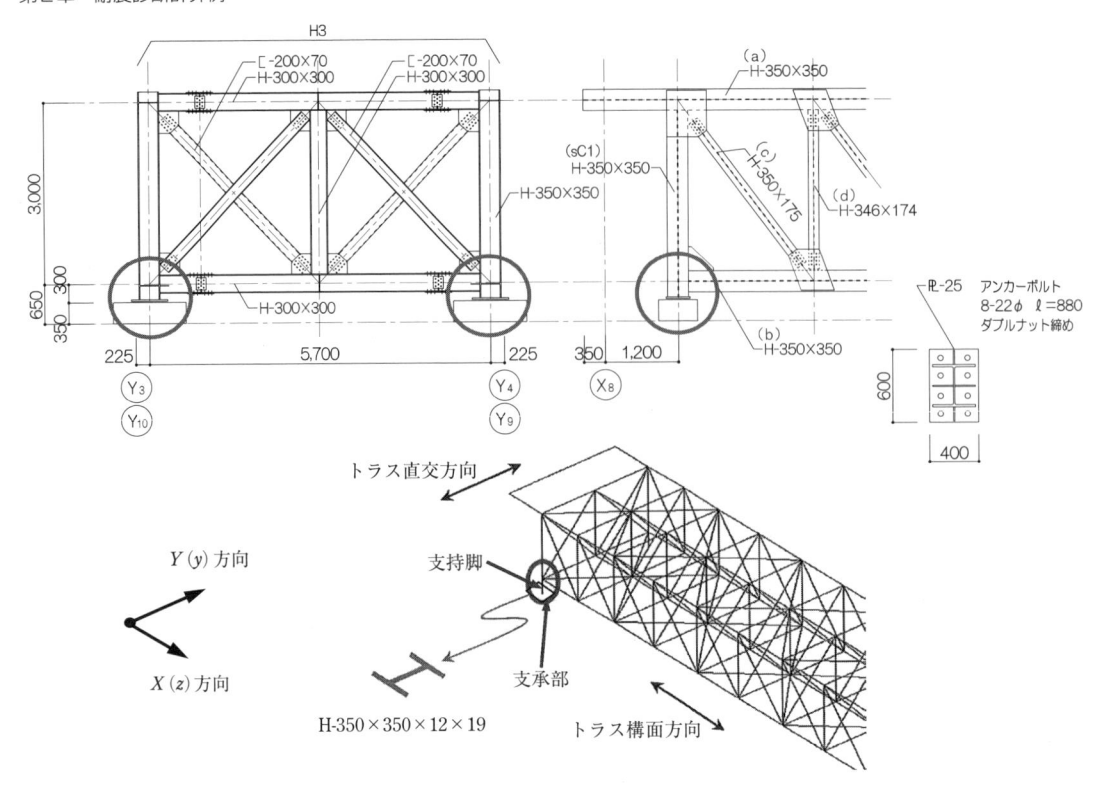

図 2.22 メイントラスの部材構成と方向

2) 支持脚1カ所に生じるせん断力と曲げモーメントの算定

柱頭および柱脚に生じる曲げモーメントは，部材高さ $h=650$，反曲点高比 0.5 として，

$$\sum M_X = \sum M_Y = 5\,474 \times 0.65 \times 0.5 = 1\,779 \text{ (kN·m)}$$

支持脚1カ所に生じるせん断力と曲げモーメントは，

$$Q_X = Q_Y = \frac{5\,474}{8} = 684 \text{ (kN)}, \quad M_X = M_Y = \frac{1\,779}{8} = 222 \text{ (kN·m)}$$

3) 支持脚の断面検討

（せん断応力度の検討）

トラス構面方向：$\tau_X = \dfrac{684 \times 10^3}{19 \times 2 \times 350} = 51 \text{ (N/mm}^2\text{)}$, $\dfrac{\tau_X}{f_s} = \dfrac{51}{\dfrac{235}{\sqrt{3}} \times 1.1} = 0.34 < 1.0$　OK

トラス直交方向：$\tau_Y = \dfrac{684 \times 10^3}{(350 - 19 \times 2)} = 182 \text{ (N/mm}^2\text{)}$, $\dfrac{\tau_X}{f_s} = \dfrac{182}{\dfrac{235}{\sqrt{3}} \times 1.1} = 1.22 > 1.0$　NG

（曲げ応力度の検討）

トラス構面方向：$\sigma_b = \dfrac{222 \times 10^6}{1\,180 \times 10^3} = 188 \text{ (N/mm}^2\text{)}$, $\dfrac{\sigma_b}{f_b} = \dfrac{188}{235 \times 1.1} = 0.73 < 1.0$　OK

トラス直交方向：$\sigma_b = \dfrac{222 \times 10^6}{2\,520 \times 10^3} = 88 \text{ (N/mm}^2\text{)}$, $\dfrac{\sigma_b}{f_b} = \dfrac{88}{235 \times 1.1} = 0.34 < 1.0$　OK

（組み合せ応力度の検討）

トラス構面方向：$\dfrac{\sqrt{\sigma_b^2+3\tau^2}}{f_t}=\dfrac{\sqrt{188^2+3\times 51^2}}{235\times 1.1}=0.80<1.0$　OK

以上から，

　トラス構面方向：耐力は充足している。

　トラス直交方向：せん断耐力が不足している。

■支承部（アンカーボルト M22）の検討

鉄骨支柱部のベースプレート形状などを図 2.23 に示す。トラス構面方向に対してベースプレート形状は，幅が 600 mm，成が 400 mm である。

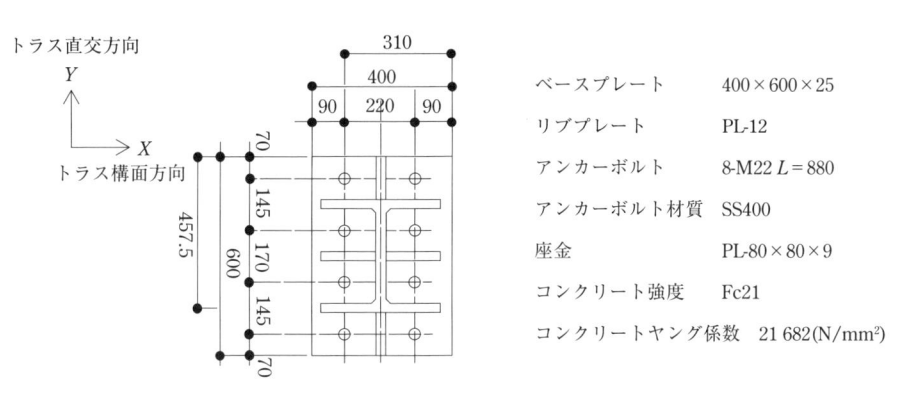

図 2.23　鉄骨支柱部のベースプレート形状

ベースプレート	$400\times 600\times 25$
リブプレート	PL-12
アンカーボルト	8-M22 $L=880$
アンカーボルト材質	SS400
座金	PL-$80\times 80\times 9$
コンクリート強度	Fc21
コンクリートヤング係数	21 682 (N/mm²)

日本建築学会 2010 改定「各種合成構造設計指針・同解説」の第 4 編「4.2.2 せん断力を受ける場合」の（4），（5），（6）式で検証する。

アンカーボルトの断面積　軸部 320.5（mm²），ネジ部 303.4（mm²）

アンカーボルトの一本当たりの許容せん断耐力 q_a を求める。

なお，支承部に生じた曲げモーメントにより一部のアンカーボルトに引張りが生じる。この引張軸力の影響を考慮したアンカーボルトのせん断強度 $_s\sigma_{qa}$ を，

$$_s\sigma_{qa}=\sqrt{1-(T/T_y)^2}\times \left(_a\sigma_y/\sqrt{3}\right)$$

から求める。ここで T：アンカーボルトの引張軸力，T_y：アンカーボルトの降伏軸力

1）アンカーボルト 1 本に作用する引張軸力（T）の算定

アンカーボルトに生じる引張軸力（T）を簡易的に求める。この時，支承部は図 2.24 となっている。なお，軸方向力については検討を省略している。

　e：トラス下弦部分とベースプレート下面までの長さ（= 150 mm）

　j：引張側アンカーボルトの重心から圧縮側ベースプレート端までの距離

　　（トラス構面方向）

　　$j_x=310$（mm）

　　（トラス直交方向）

　　$j_y=457.5$（mm）

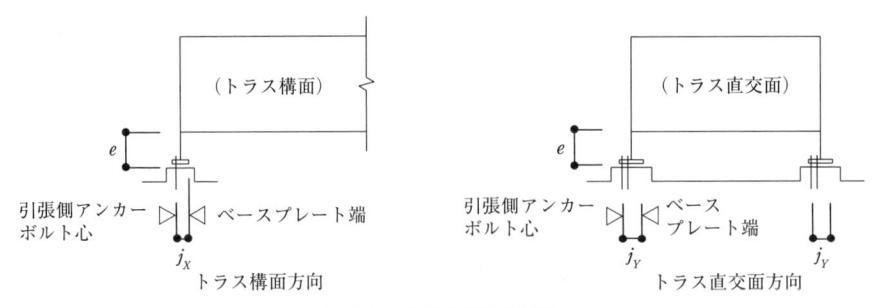

図 2.24 鉄骨支承部の形状

支承部に作用するせん断力　$Q = 5\,474/8 = 684$ (kN)

反曲点高さ比の 0.5,引張側アンカーボルト総本数 n_t から,ベースプレート下に作用する曲げモーメント M は,$M = Q \times e \times 0.5 = 684 \times 150 \times 0.5 = 51\,300$ (kN·mm)

アンカーボルトの降伏軸力 T_y は,$T_y = 320.5 \times 235 \times 1.1 \times 10^{-3} = 82.8$ (kN/本)

(トラス構面方向)

アンカーボルトに作用する引張力 T_X は,

$T_X = (M/j_x)/n_t = (51\,300/310)/4 = 20.7$ (kN/本)

(トラス直交面方向)

アンカーボルトに作用する引張力 T_Y は,

$T_Y = (M/j_x)/n_t = (51\,300/457.5)/4 = 28.0$ (kN/本)

2)　アンカーボルトの 1 本当たりの許容せん断耐力（$_s\sigma_{qa}$）の算定

アンカーボルトの一本当りの許容せん断耐力 q_a を求める。この時,均しモルタル厚は 70 mm 以下であるとし,q_{a4} の検討を行わない。

(引張力が作用しないアンカーボルトの場合)

ベースプレート下のコンクリート台柱の寸法を 700×900 と想定した。

$_s\sigma_{qa} = 0.7 \cdot {_s\sigma_y} = 0.7 \times 1.1 \times 235 = 181.0$ (N/mm^2)

$_c\sigma_{qa} = 0.5\sqrt{F_c \cdot E_c} = 0.5 \times \sqrt{21 \times 21\,682} = 337.4$ (N/mm^2)

$c = 700/2 - 110 = 240$ (mm) より,

$A_{qc} = 0.5\pi \cdot c^2 = 0.5 \times \pi \times 240^2 = 90\,432$ (mm^2)

$_c\sigma_t = 0.31\sqrt{F_c} = 0.31 \times \sqrt{21} = 1.42$ (N/mm^2)

$\phi_1 = 1$,$\phi_2 = 2/3$ より,

$q_{a1} = \phi_1 \cdot {_s\sigma_{qa}} \cdot {_{sc}a} = 1.0 \times 181.0 \times 303.4 = 54.9 \times 10^3$ (N) $= 54.9$ (kN)

$q_{a2} = \phi_2 \cdot {_c\sigma_{qa}} \cdot {_{sc}a} = \dfrac{2}{3} \times 337.4 \times 303.4 = 68.2 \times 10^3$ (N) $= 68.2$ (kN)

$q_{a3} = \phi_2 \cdot {_c\sigma_t} \cdot A_{qc} = \dfrac{2}{3} \times 1.42 \times 90\,432 = 85.6 \times 10^3$ (N) $= 85.6$ (kN)

以上より,アンカーボルト 1 本当りの許容せん断力は q_{a1} が最小で,引張力を無視したアンカーボルト $q_a = 54.9$ (kN/本) となる。

（引張力が作用するアンカーボルトの場合）

（トラス構面方向）

$${}_s\sigma_{qaX} = \sqrt{1-(T_X/N_y)^2} \times \left({}_s\sigma_y/\sqrt{3}\right) = \sqrt{1-(20.7/82.8)^2} \times \left(235 \times 1.1/\sqrt{3}\right) = 144.5 \text{ (kN/mm}^2\text{)}$$

$$q_{a1} = \phi_1 \times {}_s\sigma_{qaX} \times {}_{sc}a = 1.0 \times 144.5 \times 303.4 \times 10^{-3} = 43.8 \text{ (kN/本)}$$

（トラス直交方向）

$${}_s\sigma_{qaY} = \sqrt{1-(N_Y/N_y)^2} \times \left({}_s\sigma_y/\sqrt{3}\right) = \sqrt{1-(28.0/82.8)^2} \times \left(235 \times 1.1/\sqrt{3}\right) = 140.5 \text{ (kN/mm}^2\text{)}$$

$$q_{a1} = \phi_1 \times {}_s\sigma_{qaY} \times {}_{sc}a = 1.0 \times 140.5 \times 303.4 \times 10^{-3} = 42.6 \text{ (kN)}$$

3) 1カ所の支承部で負担可能なせん断力

（トラス構面方向）

1カ所の支持脚当りに配置された8本のアンカーボルトのせん断耐力を求めると，

$$Q_{us} = 4 \times 43.8 + 4 \times 54.9 = 395 \text{ (kN)} \leq 684$$

となる。よって，X方向地震時のアンカーボルトのせん断耐力が不足している。

（トラス直交方向）

同様に，$Q_{us} = 4 \times 42.6 + 4 \times 54.9 = 390.0 \text{ (kN)} \leq 684$

となる。よって，Y方向地震時のアンカーボルトのせん断耐力が不足している。

2.3.2 動的耐震診断手法

動的な検討を行った結果により得られた各部の応答は以下のとおりである。

- 屋根トラス支持脚に生じる層せん断力係数 = 0.82 〜 0.96
- 各支持脚に作用するせん断力にばらつきがあり，支持条件によっても若干異なるが，最大応答せん断力は各支持脚へ均等に作用したと仮定した場合の1.04 〜 1.45倍程度になる。

損傷状況などは，実際の被害とよく対応した状況となっている。

第3章 耐震改修計算例

第1章の「6.耐震改修の考え方」にしたがって，第2章の耐震診断計算例について，耐震改修計算例を示す。

3.1 耐震改修計算例-1（N市市民体育館モデル）

計算例-1の診断結果から，屋根側面支承部のせん断耐力不足，屋根ブレースの耐力不足が判明した。そこで，補強方法について，強度型改修手法として，「① 片持ち柱に控え壁を増設」，「② 側面支承部の増設」，応答制御型改修手法として，「③ 支承部を免震構造に変更」の3方法で検討をする。

3.1.1 片持ち柱の控え壁による補強

計算例-1において，静的，動的耐震診断手法による診断により，屋根支持部の片持ち柱（2～10通り柱）が自立しないことが確認された。そこで，屋根支持部の片持ち柱が自立できるように，柱には控え壁を増設する。

図3.1に示すように，片持ち柱に控え壁の増設を行うことにより，屋根支持部の片持ち柱の剛性を増大させ，側面支承部にせん断力が集中するのを回避する。

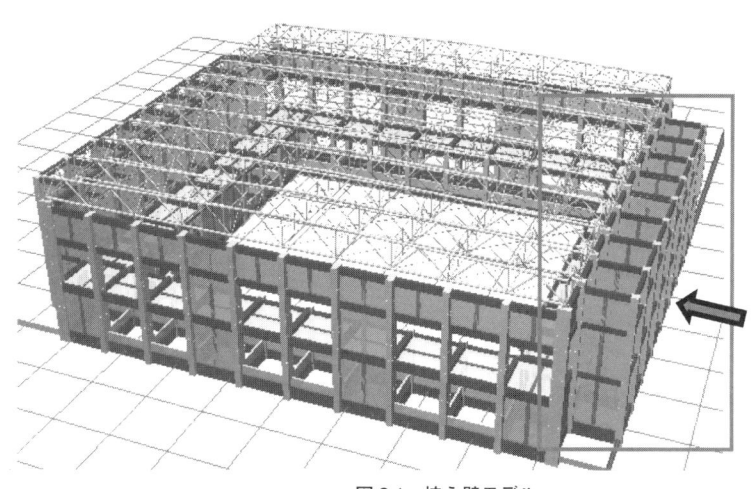

図3.1 控え壁モデル

第3章 耐震改修計算例

ここで，控え壁の長さの影響が支承部の負担せん断力に及ぼす影響を確認する。

控え壁は，図3.2に示すように，RC造の添え柱と梁に，壁厚250 mmの控え壁を配置した。

控え壁の出の長さを，2 000 mm，3 000 mm，4 000 mm，5 000 mmと変更した場合の，支承部のY方向の負担せん断力，負担率の結果を表3.1に示す。フレーム名などについては，図3.2に従う。なお，モデルが対称であるので，C，Mフレームの1～6軸の負担せん断力を示す。

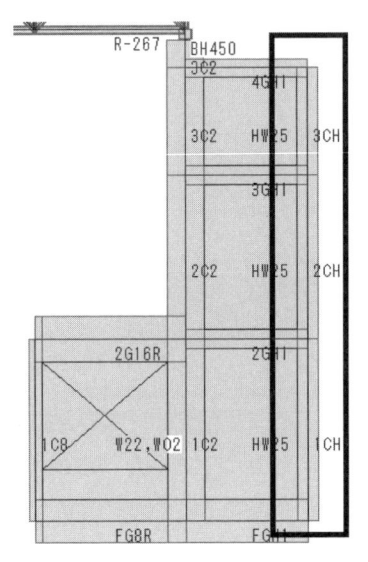

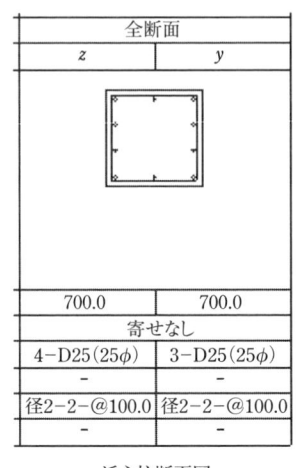

全断面	
z	y

控え壁
厚さ250mm
縦筋，横筋
D13－@200ダブル

700.0	700.0
寄せなし	
4－D25(25φ)	3－D25(25φ)
－	－
径2-2-@100.0	径2-2-@100.0
－	－

添え柱断面図

図3.2 控え壁の断面

表3.1 控え壁の相違による支承部の負担せん断力

	Cフレーム					単位（kN）
	1通り	2通り	3通り	4通り	5通り	6通り
控え壁2 000mm	556.8	86	－59.9	－63.2	－80.8	－76.3
	(0.191)	(0.030)	(－0.021)	(－0.022)	(－0.028)	(－0.026)
控え壁3 000mm	179.8	15.3	22.3	54.4	47.3	49.6
	(0.061)	(0.005)	(0.008)	(0.018)	(0.016)	(0.017)
控え壁4 000mm	－188.5	－144.9	－106.9	－109.9	－116.6	－118.3
	(－0.063)	(－0.049)	(－0.036)	(－0.037)	(－0.039)	(－0.040)
控え壁5 000mm	－204.4	－151.5	－146.9	－161.4	－171.6	－174.8
	(－0.068)	(－0.050)	(－0.049)	(－0.054)	(－0.057)	(－0.058)
	Mフレーム					単位（kN）
	1通り	2通り	3通り	4通り	5通り	6通り
控え壁2 000mm	1122.6	212.8	－73.9	－83.6	－86	－74.8
	(0.386)	(0.073)	(－0.025)	(－0.029)	(－0.030)	(－0.026)
控え壁3 000mm	799.4	287.1	134.8	71.2	－179.5	30.2
	(0.272)	(0.098)	(0.046)	(0.024)	(－0.061)	(0.010)
控え壁4 000mm	445.4	361.1	381.2	404.3	414	416.1
	(0.150)	(0.121)	(0.128)	(0.136)	(0.139)	(0.140)
控え壁5 000mm	417.9	398.8	439.5	462	471.4	474.5
	(0.139)	(0.133)	(0.146)	(0.154)	(0.157)	(0.158)

Y方向の水平荷重は，標準層せん断力 C_0 を 0.4（ベースシアー係数を 1.0 として，D_S 値を 0.4 と仮定して，$1.0 \times 0.4 = 0.4$ から設定）として，Ai 分布から求め，図 3.1 に示す Y 正方向に荷重を載荷した。なお，応力解析では，長期荷重を考慮し，屋根支持部の RC 造梁，柱，壁は弾塑性，屋根，屋根支承部は弾性とした。

表 3.1 の結果から，控え壁の長さが短いと，側面支承部の負担せん断力が大きいが，控え壁の長さが 4 000 mm 以上になると，支承部の負担せん断力が均等に近づくことが確認できる。

ただし，控え壁の長さが 4 000 mm 以上なるように補強しても，長期荷重を考慮した支承部の負担せん断力は，補強前の支承部のアンカーボルトのせん断耐力が 196.2 (kN) 程度であることから，すべての支承部の補強は必要と判断される。

また，控え壁を設置するために，基礎の増設などが必要であり，控え壁を増設する補強法は，費用対補強効果を考えた場合，現実的ではないと判断される。

3.1.2 側面支承部の増設

耐震診断により，側面支承部の耐力が不足していることが確認された。そこで，側面支承部の 1，11 フレームの D，E，F，G，H，I，J，K，L 軸に支承部を増設する。

耐震診断において，屋根ブレースの耐力が不足していた。そこで，初めに，屋根ブレースの補強を行う。

屋根ブレースは，内側を L–75×75×9，外周部を L–90×90×10 に変更する。屋根ブレースの重量は，屋根ブレースを変更することから 1.48 (kN/m²) となる。

屋根部の応答せん断力 q は，「2.1 耐震診断計算例 –1（N 市市民体育館モデル）」の「(3) 屋根面架構の検討」から，以下となる。

周辺，中央 $q = 1.48 \times 1.04 = 1.54$ (kN/m²)

(1) 屋根ブレース耐力

■ 2–3 間

$$Q_{un}^s = 35 \text{ (m)} \times 52/2 \text{ (m)} \times 1.54 \text{ (kN/m}^2\text{)} + 7 \times 58.9 = 1\,813.7 \text{ (kN)}$$

水平ブレース L–75×75×9，断面積 1 269 (mm²)，有効断面積 $0.75 \times 1\,269 = 951.8$ (mm²)
使用鋼材が SS400 から，

$$N_a = 951.8 \times 235 \times 1.1 = 246.0 \times 10^3 \text{ (N)} = 246.0 \text{ (kN)}$$

2–3 間のスパン方向せん断力 Q_u^s

$$L_x = 5.0 \text{ (m)}, \ L_y = 5.25 \text{ (m)} \text{ から，} \cos\theta = \frac{5.25}{\sqrt{5.0^2 + 5.25^2}} = 0.724$$

ブレース本数 10 本，非保有水平耐力接合として，屋内運動場等の耐震性能診断基準（屋体基準）に従い靱性指標 F 値を 1.3 に設定する。

$$Q_u^s = N_a \times \cos\theta \times n \times F = 246.0 \times 0.724 \times 10 \times 1.3 = 2\,315.4 \text{ (kN)}$$

したがって，$Q_u^s / Q_{un}^s = 2\,315.4 / 1\,813.7 = 1.28 > 1.0$ から，<u>屋根ブレースの耐力は満足している。</u>

■ 1–2 間

$$Q_{un}^s = 1\,813.7 \text{ (kN)} + 1.54 \times 5 \times 52 + 2 \times 58.9 = 2\,331.9 \text{ (kN)}$$

水平ブレース L–90×90×10,断面積 1 700 (mm^2),有効断面積 $0.75×1 700 = 1 275.0$ (mm^2)
使用鋼材 SS400 から,

$$N_a = 1 275.0 × 235 × 1.1 = 329.6 × 10^3 \text{(N)} = 329.6 \text{(kN)}$$

1–2 間のスパン方向せん断力 Q_u^s

$$L_x = 5.0 \text{(m)}, L_y = 5.0 \text{(m)} から,\cos\theta = \frac{5.0}{\sqrt{5.0^2+5.0^2}} = 0.707$$

ブレース本数 10 本,非保有水平耐力接合として,屋内運動場等の耐震性能診断基準(屋体基準)に従い靱性指標 F 値を 1.3 に設定する。

$$Q_u^s = N_a × \cos\theta × n × F = 329.6 × 0.707 × 10 × 1.3 = 3 029.4 \text{(kN)}$$

したがって,$Q_u^s/Q_{un}^s = 3 029.4/2 331.9 = 1.30 > 1.0$ から,屋根ブレースの耐力は満足している。

(2) 側面支承部反力

支承部は,1,2 フレーム D〜L 軸に追加配置した。そこで,支承部を 11 カ所として,端部(1–2 間)の Q_{un}^s が 2 331.9 (kN) より,側面支承部の反力 R_b は以下となる。

$$R_b = 2 331.9/11 = 212.0 \text{(kN)}$$

ベースプレートの耐力は,「(2) 鉄骨支承部の反力 R_a による検討」より,アンカーボルト径を M22 とした場合,Q_u は,196.2 (kN) となる。

ここで,支承部の耐力比を求めると,

$$Q_u^s/Q_{um}^s = Q_u^s/R_b = 196.2/212.0 = 0.93 < 1.0$$

となり,側面支承部の耐力は不足している。

そこで,1,2 フレーム D〜L 軸間に配置するアンカーボルトの径を M27(ABR400)の転造ネジとする。なお,ベースプレートの形状は既存と同様にする。

アンカーボルト M27 の場合の支承部の耐力を,診断計算に従って求める。

アンカーボルトの断面積　軸部 485 mm^2,ネジ部 459 mm^2

アンカーボルトの一本当たりの許容せん断耐力 q_a を以下で求める。

アンカーボルトが引張力を受ける場合は,耐震診断計算と同様に,$N/N_y = 0.3$ と仮定する。

$$_s\sigma_{qa} = \sqrt{[1-(N/N_y)^2]} \cdot {_s\sigma_y}/\sqrt{3} = \sqrt{(1-0.3^2)} × 1.1 × 235/\sqrt{3} = 142.4 \text{(N/mm}^2\text{)}$$

アンカーボルトが圧縮の場合

$$_s\sigma_{qa} = 0.7 {_s\sigma_y} = 0.7 × 1.1 × 235 = 181.0 \text{(N/mm}^2\text{)}$$

$$_c\sigma_{qa} = 0.5\sqrt{F_c \cdot E_c} = 0.5 × \sqrt{21 × 21 682} = 337.4 \text{(N/mm}^2\text{)}$$

$c = 1 200/2 - 115 = 485$ (mm) より,$A_{qc} = 0.5\pi \cdot c^2 = 0.5 × \pi × 485^2 = 369 490$ (mm^2)

$$_c\sigma_t = 0.31\sqrt{F_c} = 0.31 × \sqrt{21} = 1.42 \text{(N/mm}^2\text{)}$$

$\phi_1 = 1$,$\phi_2 = 2/3$ より

アンカーボルトが引張の場合

$$q_{a1} = \phi_1 \cdot {_s\sigma_{qa}} \cdot {_{sc}a} = 1.0 × 142.4 × 459 = 65.4 × 10^3 \text{(N)} = 65.4 \text{(kN)}$$

アンカーボルトが圧縮の場合

$$q_{a1} = \phi_1 \cdot {_s\sigma_{qa}} \cdot {_{sc}a} = 1.0 × 181.0 × 459 = 83.1 × 10^3 \text{(N)} = 83.1 \text{(kN)}$$

$$q_{a2} = \phi_2 \cdot {_c}\sigma_{qa} \cdot {_{sc}}a = \frac{2}{3} \times 337.4 \times 459 = 103.2 \times 10^3 \text{(N)} = 103.2 \text{ (kN)}$$

$$q_{a3} = \phi_2 \cdot {_c}\sigma_t \cdot A_{qc} = \frac{2}{3} \times 1.42 \times 369\,490 = 349.8 \times 10^3 \text{(N)} = 349.8 \text{ (kN)}$$

上記の結果から，支承部の最小のせん断耐力は，アンカーボルトのせん断強度により決まり，追加する支承部も，2本のアンカーボルトが引張および圧縮軸力を受けるとして，追加補強する支承部のせん断耐力は，$Q_u^s = 2 \times 65.4 + 2 \times 83.1 = 297.0$ (kN) となる。

既存の支承部が2カ所，追加補強する支承部が9カ所であることから，側面支承部のせん断耐力は，以下となる。

$$Q_u^s = 2 \times 196.2 + 9 \times 297.0 = 3\,065.4 \text{ (kN)}$$

したがって，$Q_{un}^s = 2\,331.9$ (kN) であることから，$Q_u^s/Q_{un}^s = 3\,065.4/2\,331.9 = 1.31 > 1.0$ となり，側面支承部の耐力は満足している。

なお，支承部の均しモルタルは，70 mm 以下になるように，設計・施工することが重要である。また，全周部分に支承部をピンとして，追加補強した場合は，X 方向の検証および支承部を支持する RC 立ち上がり部分の設計，屋根の勾配が大きい場合の水平力の処理，温度応力の影響などへの対応が必要である。

3.1.3 支承部を免震構造に変更

支承部を免震構造に変更する。置屋根構造のように，屋根の支承部を免震構造とした場合は，中間免震構造となる。

通常，免震構造設計は，時刻歴応答解析によるが，ここでは，1章6.2節および文献1-6.1)を参照して，等価線形化法により，支承部を免震構造に変更した場合の検証を行う。

文献1-6.1)より，ラチス屋根構造に免震層を挿入した場合，建物全体と屋根部の質量比 $R_M \leq 1.2$，あるいは免震支承付き屋根部と下部構造の固有周期比 $\beta > 5.0$ の条件であれば，屋根部を1質点系にモデル化して応答評価できることが示されている。

ここで，質量比，固有周期比の確認を行う。

屋根全体の質量は，$M_R = 370.0$ (t) とする。下部構造の質量 M_s は，屋根部分を除いた建物の高さの中央部分から上部分の質量とする。

下部構造の質量 M_s は，$M_s = 884.0$ (t) として，質量比 R_M は，以下となる。

$$R_M = (M_D + M_s)/M_D = (370.0 + 884.0)/370 = 3.4 > 1.2$$

次に，固有周期比を求める。図 3.3 は，下部構造のみのモデル図を示している。

立体モデルの固有値解析を実行し，1〜10次までの周期，刺激係数，有効質量比の結果を表 3.2 に示す。なお，表 3.2 では，X，Y 方向のみの刺激係数，有効質量比を示している。X，Y 方向

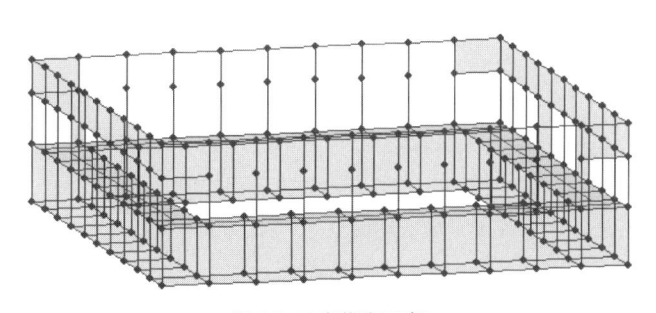

図 3.3　下部構造モデル

表3.2 下部構造の固有値解析結果

次数	周期 T	円振動数 ω	刺激係数 β_x	刺激係数 β_y	有効質量比 M_x	有効質量比 M_y
1	0.289	21.722	2.067	0	22.154	0
2	0.289	21.724	0	0	0	0
3	0.274	22.905	0	0	0	0
4	0.274	22.914	0	0.072	0	0.027
5	0.252	24.971	0	2.146	0	19.639
6	0.251	24.997	0	0	0	0
7	0.249	25.248	0.802	0	3.574	0
8	0.248	25.322	0	0	0	0
9	0.239	26.334	0	0	0	0
10	0.236	26.57	0.13	0	0.075	0

の刺激係数，有効質量比が0の場合は，Z方向に卓越したモードである。

表3.2の結果から，Y方向に卓越している次数は5次モードであると判断される。**図3.4**は，5次モード図を示している。

下部構造のY方向に卓越する周期T_sは，5次モードの周期$T_s = 0.252$ (s) とする。免震層の周期$T_{eq} = 2$ (s) とすると，$\beta = T_{eq}/T_s = 2.0/0.252 = 7.9 > 5.0$ となる。

文献1-6.1) から，$R_M = 3.4 > 1.2$，$\beta = 7.9 > 5.0$ の条件においては，支承部の免震構造の設計が1質点系にモデル化できると判断して，免震装置の設定を行う。

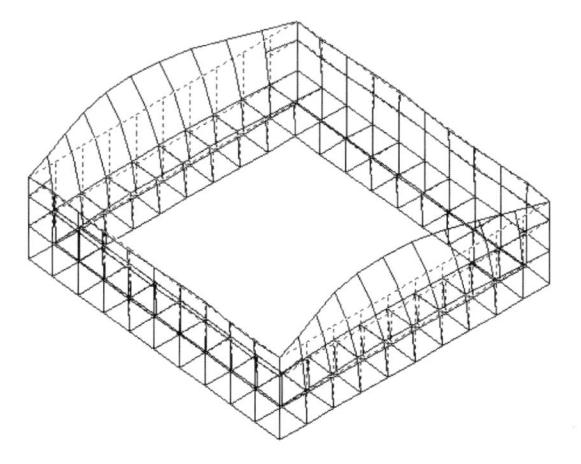

図3.4 5次モード図

屋根部分を剛体扱いとして，屋根部分の固有周期を2秒に設定すると，免震層の接線剛性K_fは，以下となる。

$$T_f = 2\pi\sqrt{\frac{M_R}{K_f}} \text{ より，} K_f = M_R \times \left(\frac{2\pi}{T_f}\right)^2 = 370.0 \times \left(\frac{2\pi}{2}\right)^2 = 3651.8 \text{ (kN/m)} = 3.65 \text{ (kN/m)}$$

免震支承材は，天然系積層ゴムとすべり支承材，減衰材を弾塑性ダンパーとして，免震支承材の剛性および弾塑性ダンパーの初期剛性，降伏せん断力を求める。

入力地震動は，「2.1.2 動的耐震診断手法」で設定した，きわめて稀に生じる工学的基盤の加速度スペクトルに対して，表層地盤の増幅率を第2種地盤相当レベルとする。

免震支承材の接線剛性は，$K_f = 3.65$ (kN/mm) であり，すべての支承部に通常流通している天然系積層ゴムを配置した場合には，剛性が高くなる。そこで，天然系積層ゴムは8カ所，残りの14カ所をすべり支承材を配置する。すべり支承材のすべり出し荷重は，すべり支承材の摩擦係数に軸力を乗じた値となるが，鉛直荷重が非常に小さいので，ここでは，すべり支承材によるせん断剛性は0とする。したがって，天然系積層ゴムに要求される水平剛性K_{f0}は，$K_{f0} = 3.65/8 = 0.46$ (kN/

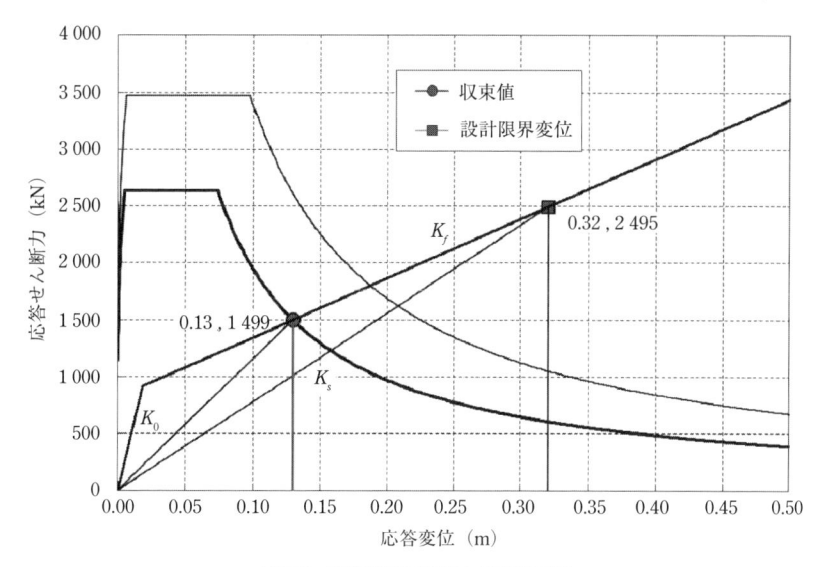

図 3.5 等価線形化法による応答評価

mm）程度である。

図 3.5 は，告示 2009 号に基づいて，減衰材として弾塑性ダンパーを使用した場合の応答値を求めるスペクトル図である。

図 3.5 は，要求スペクトル（きわめて稀に生じる加速度スペクトルに地盤増幅率を考慮）と，免震装置による耐力スペクトルの関係から真の応答を求めている。

図 3.5 の要求スペクトルは，告示 2009 号にしたがって，減衰材による等価減衰定数を求め，5% 減衰時の要求スペクトルに対して，等価減衰定数による応答低減率 F_h を乗じて設定している。

図 3.5 の耐力スペクトルに示す K_f は，免震支承材の接線剛性を，K_s は免震層の限界変位 δ_s 時の割線剛性を，K_0 は弾塑性ダンパーと免震支承材の初期剛性の和を示している。

ここで，免震層の限界変位 δ_s，弾塑性ダンパーの降伏せん断力 Q_{dy} と K_s には，以下の関係がある。
$$K_s = K_f + Q_{dy}/\delta_s, \quad T_s = 2\pi\sqrt{M_R/K_s}$$

ここで，最大変位を $\delta_s = 320$ mm，$T_s = 1.5$ (s) と設定すると，$K_f = 3.65$ (kN/mm) より，弾塑性ダンパーの剛性および降伏せん断力 Q_{dy} の概算値は，以下となる。

$$K_s = M_R \times \left(\frac{2\pi}{T_s}\right)^2 = 370.0 \times \left(\frac{2\pi}{1.5}\right)^2 = 6\,492.0 \text{ (kN/mm)} = 6.49 \text{ (kN/mm)}$$

$$Q_{dy} = (K_s - K_f) \times \delta_s = (6.49 - 3.65) \times 320 = 908.8 \text{ (kN)}$$

図 3.5 は，1 質点系のモデルとして算定した天然系積層ゴムのせん断剛性，および弾塑性ダンパーの降伏せん断力に近い一般に流通している製品を選択して，告示 2009 号に基づいて応答値を求めた。

設定した値は，天然系積層ゴムのせん断剛性を 0.554 (kN/mm) × 8 (基) = 4.43 (kN/mm)，弾塑性ダンパー（U 型ダンパー）の降伏せん断力を 112 (kN) × 8 (基) = 896 (kN) とした。なお，弾塑性ダンパーの初期剛性は，5.92 (kN/mm) × 8 (基) = 47.36 (kN/mm) となる。

上記の設定により，真の応答値を求めると，免震層の最大応答変位は 130 (mm)，等価減衰定数は，24.2 %，等価周期 T_s は 1.12 (秒)，免震層に作用する地震力は 1 499 (kN) であった。すべり支承材は，

第3章 耐震改修計算例

せん断力を負担しないとすると,天然系積層ゴムと履歴型ダンパーの支承部に作用するせん断力は,$1\,499/8 = 187.4$ (kN) となり,既設のベースプレートのせん断耐力 196.2 (kN) 以下となる。なお,応答値の算定で,製品のばらつきは考慮しない。

1質点でモデル化した屋根部分の応答値が妥当であるかを,時刻歴応答解析で検証した。

時刻歴応答解析は,部材モデルとして,図 3.6 に示すように,免震部材は,1質点系のモデルで設定した天然系積層ゴムを8基とすべり支承材を14基(1質点系モデルでは考慮していない),弾塑性ダンパーを8基配置した。

入力地震動は,「2.1.2 動的耐震診断手法」で設定した地震波3波とした。

減衰は,瞬間剛性比例型として,減衰定数を,下部構造(鉄筋コンクリート部分)は3%,屋根部分は2%とする。なお,免震装置には減衰は設定しない。また,下部構造の梁,柱,壁は,「2.1.2 動的耐震診断手法」で設定した弾塑性モデルとして,屋根は,屋根ブレースが引張のみ負担するとして,弦材,ラチス材は弾性とする。

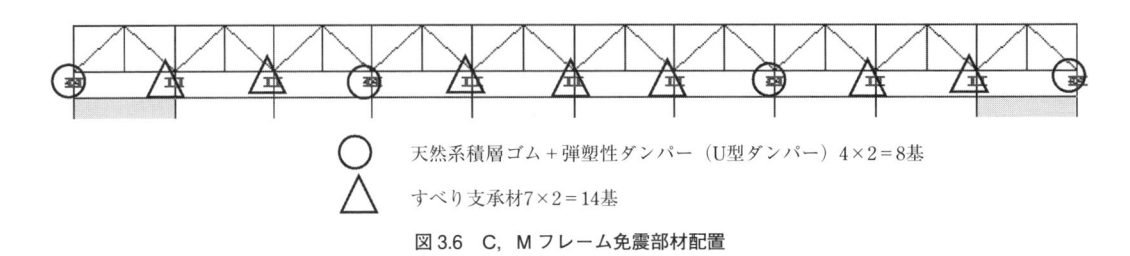

○ 天然系積層ゴム+弾塑性ダンパー(U型ダンパー) 4×2=8基
△ すべり支承材7×2=14基

図3.6 C,Mフレーム免震部材配置

下部構造の減衰は,下部構造のみのモデルの固有値解析結果から(表 3.2),Y方向に卓越する5次モードの固有振動数から求める。屋根部分は,図 3.7 に示すように,支点を固定として,屋根部分のみの50次までの固有値解析を実行し,Y方向の最も卓越する周期とした(表 3.3)。表 3.3 では,1〜10次モードを除き,Y方向に有効質量比 M_y が0となるモードは表示していない。また,刺激係数,有効質量比は,X,Y方向について示している。

表 3.3 より,Y方向に卓越するモードは,48次(周期0.128(秒))とする。図 3.8 は,48次のモード図を示す。

地震波3波の時刻歴応答解析結果を示す。

図 3.9 は,1質点系モデルから求めた限界変位時の等価剛性 K_s を持つスプリングを,図 3.6 の天然系積層ゴムと弾塑性ダンパーを配置した箇所に,弾塑性ダンパーを削除して,配置して求めた固有値解析結果で,Y方向に卓越するモード次数2のモード図を示している。固有値解析から求めたモード次数2の周期は,1.548(秒)で想定した周期1.5(秒)とほぼ一致している。

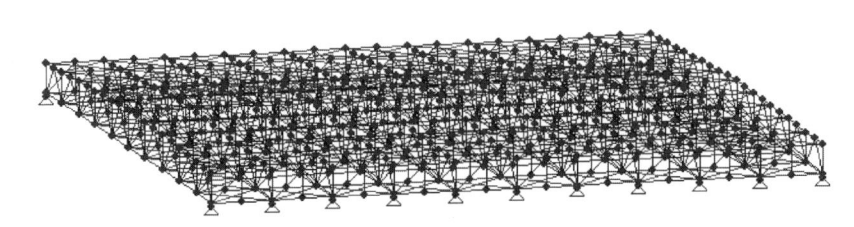

図3.7 屋根部分のモデル

3.1 耐震改修計算例-1（N市市民体育館モデル）

表3.3 屋根部分の固有値解析結果

次数	周期 T	円振動数 ω	刺激係数 β_x	刺激係数 β_y	有効質量比（%） M_x	有効質量比（%） M_y
1	2.912	2.157	1.155	0.000	99.383	0.000
2	0.602	10.439	0.000	0.000	0.000	0.000
3	0.559	11.242	0.109	0.000	0.539	0.000
4	0.532	11.802	0.000	0.000	0.000	0.000
5	0.486	12.916	−0.017	0.000	0.007	0.000
6	0.405	15.529	0.000	0.000	0.000	0.000
7	0.290	21.651	0.000	0.000	0.000	0.000
8	0.290	21.658	−0.016	0.000	0.010	0.000
9	0.262	23.978	0.002	0.000	0.000	0.000
10	0.226	27.780	0.000	−0.517	0.000	7.973
13	0.197	31.918	0.000	0.309	0.000	2.204
17	0.159	39.493	0.000	0.071	0.000	0.136
22	0.146	43.109	0.000	0.000	0.000	0.000
23	0.146	43.115	0.000	−0.093	0.000	0.126
24	0.143	44.008	0.000	0.029	0.000	0.004
25	0.141	44.672	0.000	0.079	0.000	0.189
28	0.139	45.087	0.000	0.015	0.000	0.002
30	0.139	45.198	0.000	−0.009	0.000	0.001
33	0.139	45.353	0.000	−0.026	0.000	0.005
43	0.132	47.438	0.000	−0.210	0.000	0.516
44	0.131	47.888	0.000	0.008	0.000	0.002
46	0.130	48.433	0.000	0.069	0.000	0.196
48	0.128	48.905	0.000	1.773	0.000	59.915
49	0.128	49.086	0.000	0.175	0.000	0.192

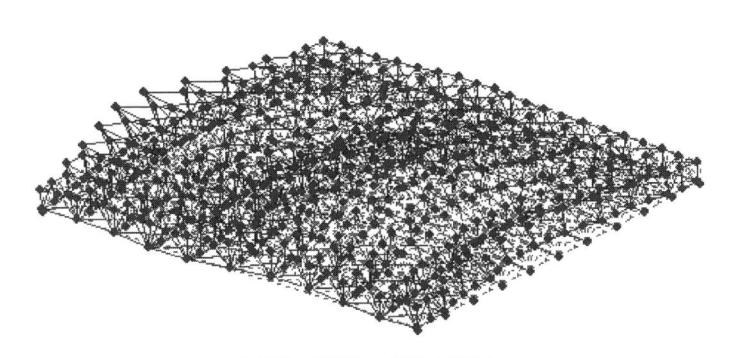

図3.8 屋根モード図（48次）

図3.9のモード図の結果から，Z方向のモードは確認できず，置屋根部分はほぼ並進のモードであることが確認できる。

図3.10は，図3.6に従い，天然ゴム系積層ゴム，すべり支承材，弾塑性ダンパーを配置したCフレームの1, 3, 6軸の地震波3による時刻歴応答解析において，免震支承材のY方向のせん断変位の履歴結果を示す。

図3.10の結果より，免震層はほぼ並進方向に変位していることが確認できる。

図3.11は，地震波1，地震波2，地震波3の最大応答相対変位，最大応答層せん断力係数を示し

第3章　耐震改修計算例

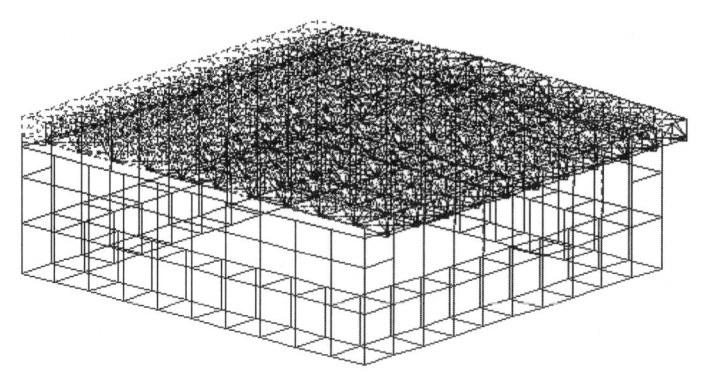

図 3.9　限界変位時の Y 方向モード図

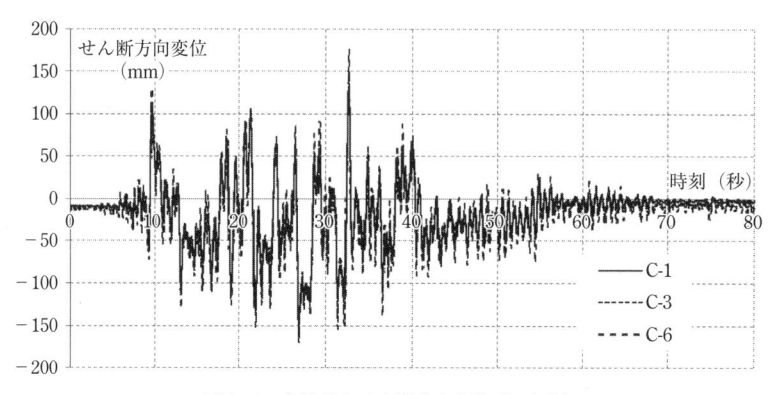

図 3.10　免震層のせん断方向変位（Y 方向）

最大応答変位

最大応答せん断力

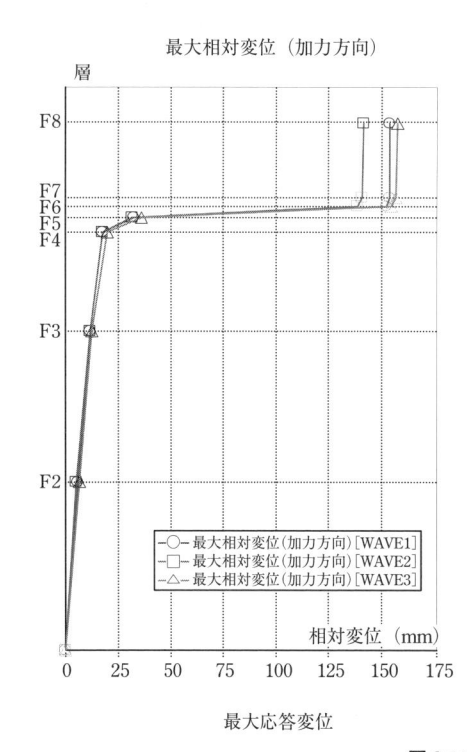

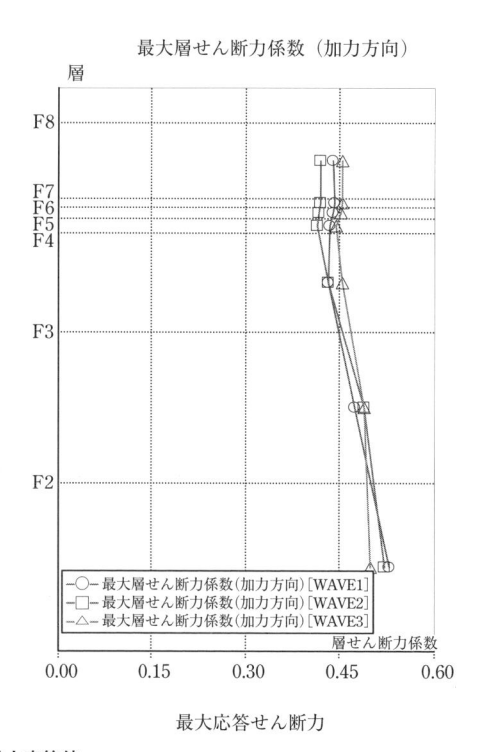

図 3.11　最大応答値

3.1 耐震改修計算例 -1（N 市市民体育館モデル）

ている。

地震波 3 波の置屋根部分の Y 方向の最大相対変位は，地震波 1 が 154.0 (mm)，地震波 2 が 141.0 (mm)，地震波 3 が 157.0 (mm) であり，平均すると 150.7 (mm) であった．1 質点系のモデルの応答変位は 130 (mm) であり，時刻歴応答解析の結果より免震層の応答変位が小さいが，時刻歴応答解析の下部構造の変位（屋根支承部で約 25 (mm)），減衰の設定などを考慮すると，1 質点系のモデルの応答結果は妥当性があると判断される．

屋根の最大応答せん断力は，図 3.11 より，地震波 1 が 0.44，地震波 2 が 0.42，地震波 3 が 0.46 となり，平均すると 0.44 である．

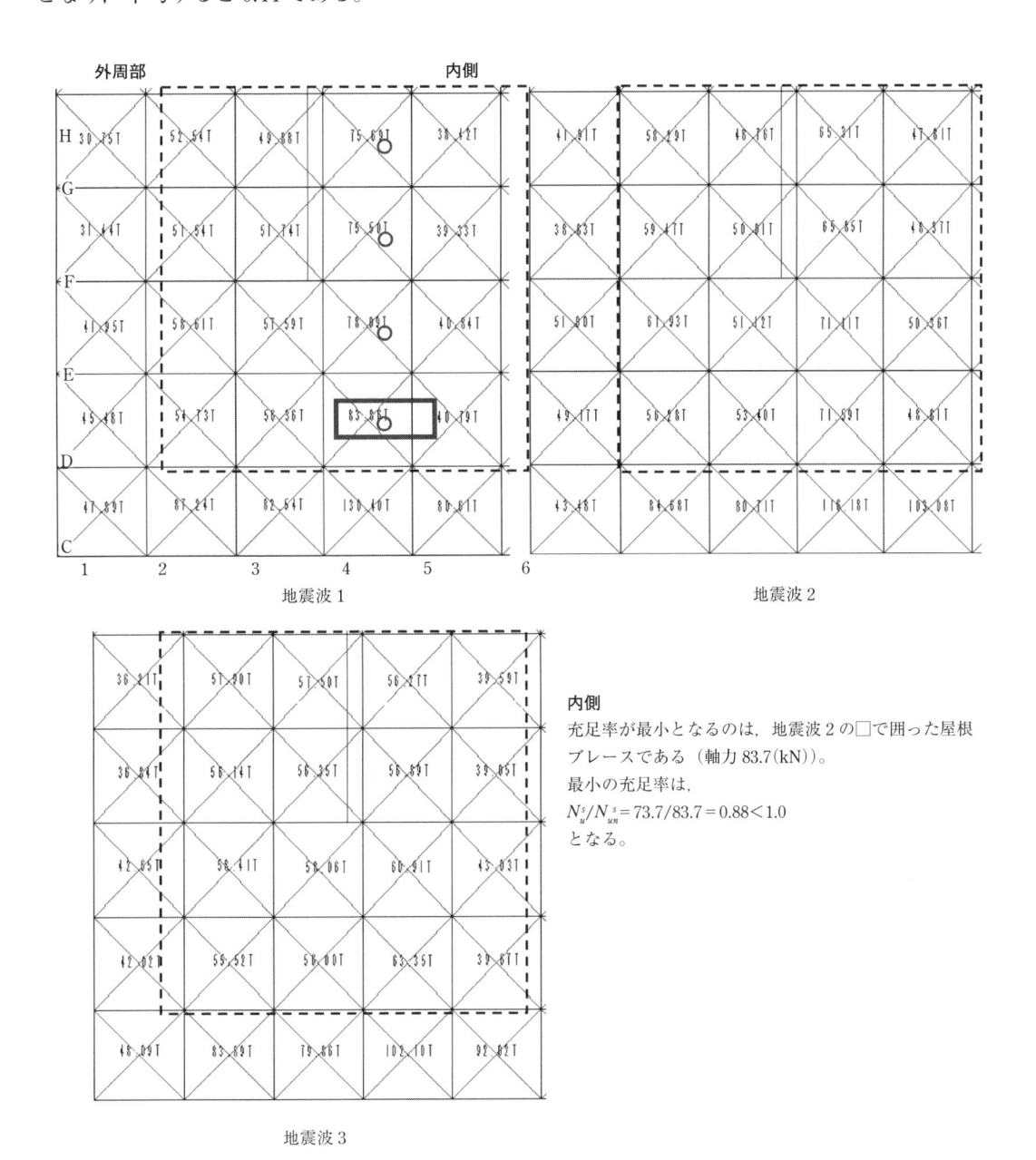

内側

充足率が最小となるのは，地震波 2 の□で囲った屋根ブレースである（軸力 83.7 (kN)）．
最小の充足率は，
$N_u^s / N_{un}^s = 73.7/83.7 = 0.88 < 1.0$
となる．

図 3.12 屋根ブレースの最大応答軸力

「2.1.2 動的耐震診断手法」による解析結果において，屋根の最大応答せん断力係数は，地震波 1 が 0.904，地震波 2 が 0.926，地震波 3 が 0.881 であり，平均すると 0.90 となり，支承材を免震にすることにより，屋根面のせん断力は約 1/2 に低減した。

図 3.12 は，地震波 1，地震波 2，地震波 3 の屋根ブレースの最大応答軸力を示す。なお，「2.1.2 動的耐震診断手法」の図 2.12 と同様に，C〜H フレーム 1〜6 軸の結果を示す。静的耐震診断手法の結果より，内側の屋根ブレース 1–M22 の耐力は，73.7 (kN/本) である。

図 3.12 において，○で示した内側の屋根ブレースは，最大引張軸力が，引張軸方向耐力 73.7 (kN) を超え，耐力が不足していることを示しているが，地震波 1 のみ，4–5 軸間で耐力が不足している。なお，最大の引張軸力は，83.7 (kN) であり，充足率は 0.88 である。

地震波 1 の充足率が 1.0 に近いこと，地震波 2，地震波 3 とも，4–5 軸間の内側の屋根ブレースの軸力が大きな結果であるが，充足率は 1.0 を超えていることより，内側の屋根ブレースの補強は必要ないと判断される。

図 3.12 において，外周部の屋根ブレースの最大引張軸力ブレース（L–75×75×6）が，引張軸方向耐力 169.2 (kN/本) を超える箇所はなかった。

以上より，免震構造は条件が整えば，1 質点系のモデルで解析することができる。

また，支承部を免震構造にすることにより，屋根ブレースなどの補強を回避できる可能性が高く，熱応力による変位や，屋根勾配の水平力への対応も可能である。

3.1.4 まとめ

既存の片持ち柱上に設置した置屋根構造の屋根ブレース，支承部は，過去の地震被害例，今回の耐震診断の結果から，耐力が不足している事例が多く見られる。

そこで，3.1 節では，「第 2 章 耐震診断計算例」の計算例 –1（N 市市民体育館モデル）において，診断結果から補強設計例について考察を行った。

補強法として種々の方法が考えられるが，耐震診断の結果を反映して，①片持ち柱に控え壁を増設，②側面支承部の増設，③支承部を免震構造に変更 の補強方法について検討した。

検討結果として，控え壁を増設する方法，支承部を増設する方法については，屋根ブレースの補強も伴うことなどを考慮すると，最も効果的な補強方法は支承部を免震構造に変更する補強であると判断できる。

屋根支承部を免震構造にすることにより，上下方向のモードの影響が薄れ，水平動のモードが卓越する。また，温度応力などによる屋根の変位を免震支承材で解放できる利点がある。

また，設計方法についても，文献 1-6.1) に示された条件を満足すれば，1 質点系でモデル化を行うことができ，必ずしも時刻歴応答解析では無く，簡素な計算で対応できる可能性がある。

既存の置屋根構造である体育館や，ホールなどが大地震時の避難場所に指定されている事例が多いことから，主構造部分の補強と同時に，支承部分，屋根ブレースなどの診断と補強が重要になると思われる。

3.2 耐震改修計算例-2（茨城県N高校モデル）

第2章2.2節の耐震補強計算例-2の診断結果から，屋根妻面支承部の耐力不足，屋根ブレースの耐力不足，屋根側面支承部の耐力不足が判明した．補強方法としては，強度型改修手法として，「支承部および屋根ブレースの補強」，応答制御型改修手法として，「支承部に付加減衰（ダンパー）を追加」の2方法について検討をする．

3.2.1 支承部および屋根ブレースの補強

計算例-2において，妻面のRC片持ち架構は自立せず，妻面各支承部に加わるせん断力は $R_a = 148$ kN と評価された．本改修設計では，この反力を妻面支承部→屋根ブレース→側面支承部と伝達可能なように改修する．

1) 妻面支承部の改修

妻面支承部は**図 3.13** のように通しボルト 8-M24（ABR490）により補強する．

$Q_u^S = 352 \times 235 \times 8 = 661$ kN $> R_a = 148$ kN　　したがって安全

2) 妻面小梁，屋根ブレースの改修

妻面小梁は H-200×200×8×12（$A = 6\,353$ mm^2, $i = 50.2$ mm, SS400）に交換する．

$L = 4\,300$, $\lambda = 85.7$, $f_c = 103$ N/mm^2, $N_a = 653$ kN $> R_a = 148$ kN　　したがって安全

妻面脇の屋根ブレースは 2L-90×90×7（5-M20, $A = 2\,444$ mm^2, $A_e = 2\,136$ mm^2, 保有耐力接合）に交換する．$N_{a1} = 2\,444 \times 235 \times 1.1 = 631$ kN

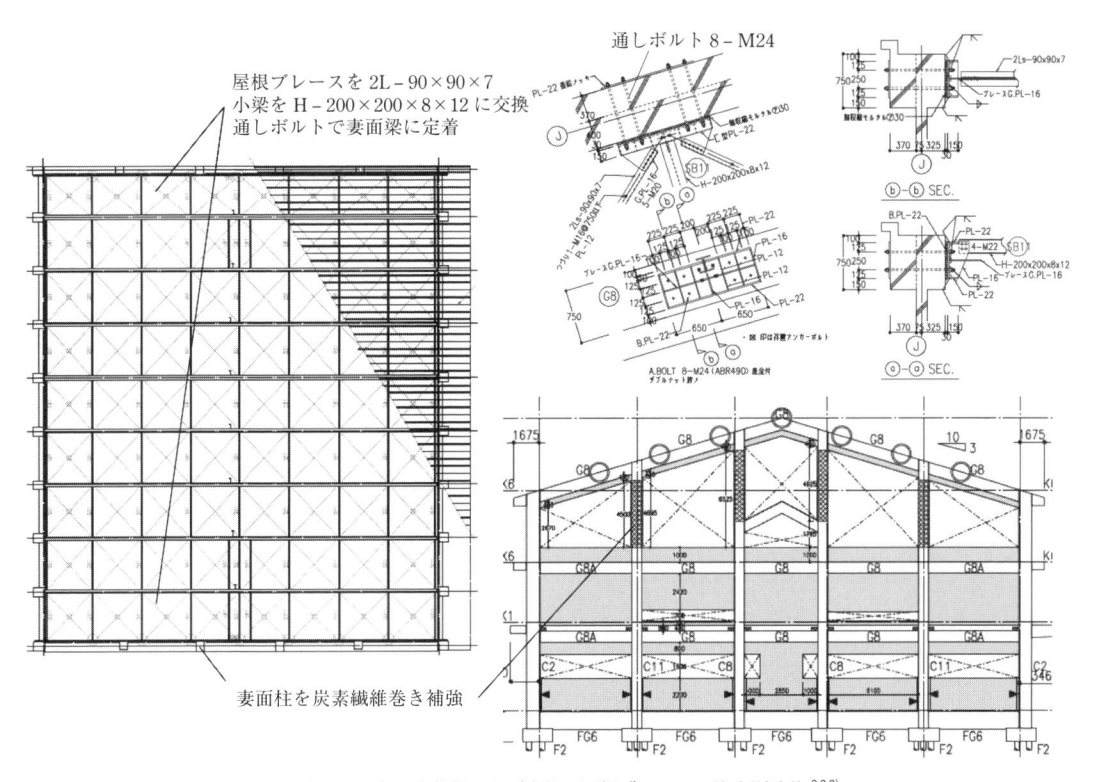

図 3.13　妻面定着部および小梁・屋根ブレースの強度型改修[3.2.2)]

Ⅱ–Ⅲ間の桁行せん断力 $Q_u^S = \sum N_{ai} \times \cos\theta \times F = (631 \times 2 + 155 \times 7) \times 0.71 \times 1.3 = 2\,166$ kN

$Q_u^S / Q_{un}^S = 2\,166/1\,685 = 1.28 > 1.0$　　したがって安全

■側面支承部の改修

あと施工アンカー 4–M24 を追加し，側方破壊に対し鉄板補強を行う。

側面支承部反力 $R_b = 2\,307/8 = 289$ kN に対し各種合成構造設計・施工指針で検討する。

$_s\sigma_{qa} = \left[1 - (N/N_y)^2\right] {}_s\sigma_y / \sqrt{3} = 123$ N/mm^2，$_c\sigma_{qa} = 0.5\sqrt{F_c \cdot E_c} = 0.5\sqrt{20.6 \times 19\,710} = 319$ N/mm^2

$_c\sigma_t = 0.31\sqrt{F_c} = 0.31\sqrt{20.6} = 1.4$ N/mm^2，$_{sc}a = 353$ mm^2（有効断面積）

$A_{qc} = 0.5\pi \times c^2 = 0.5\pi \times 125^2 = 24\,531$ mm^2（図 3.14 右図）

$\begin{cases} q_{a1} = \phi_1 \cdot {}_s\sigma_{qa} \cdot {}_{sc}a = 1.0 \times 123 \times 353 = 43.4 \text{ kN} \\ q_{a2} = \phi_2 \cdot {}_c\sigma_{qa} \cdot {}_{sc}a = 0.67 \times 319 \times 353 = 75.1 \text{ kN} \\ q_{a3} = \phi_2 \cdot {}_c\sigma_t \cdot A_{qc} = 0.67 \times 1.4 \times 24\,531 = 24.0 \text{ kN} \end{cases}$ 　$\rightarrow q_a = 43.4$ kN

（不足分を鉄板で補強）

8 本分のせん断耐力は $Q_u = 43.4 \times 8 = 347.2$ kN，$Q_u/Q_{un} = 347.2/289 = 1.20 > 1.0$　　したがって安全

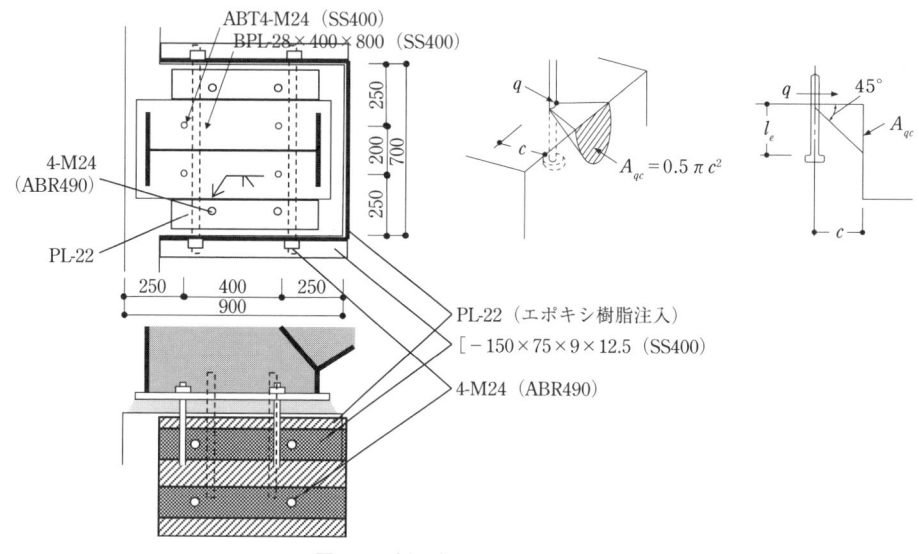

図 3.14　側面支承部の強度型改修

アングルの設計：$[-150 \times 75 \times 9 \times 12.5$（$Z_y = 28\,300$ mm^3）

$M_d = 43.4$ kN $\times 50 = 2\,170$ kNmm

$M_d/Z_y = 2\,170 \times 10^3$ Nmm$/28\,300$ mm$^3 = 77$ N/mm$^2 < 235$ N/mm^2　OK

3.2.2　応答制御型支承による改修

計算例 –4.2 において，妻面の RC 片持ち架構は自立せず，妻面各支承部に加わるせん断力は $R_a = 148$ kN と評価された。これに対して妻面支承部の耐力は 141 kN，小梁の耐力は 103 kN となっている。本改修設計では，図 3.16 に示すように妻面支承部に摩擦ダンパーまたは粘性ダンパーを組込むことによる改修を考える。

時刻歴応答解析による支承部の相対変位 – 支承部反力を図 3.17 に示す。支承部がローラー状態

3.3 耐震改修計算例-3（I市総合体育館モデル）

図 3.15 摩擦ダンパー支承

図 3.16 応答制御型支承による改修

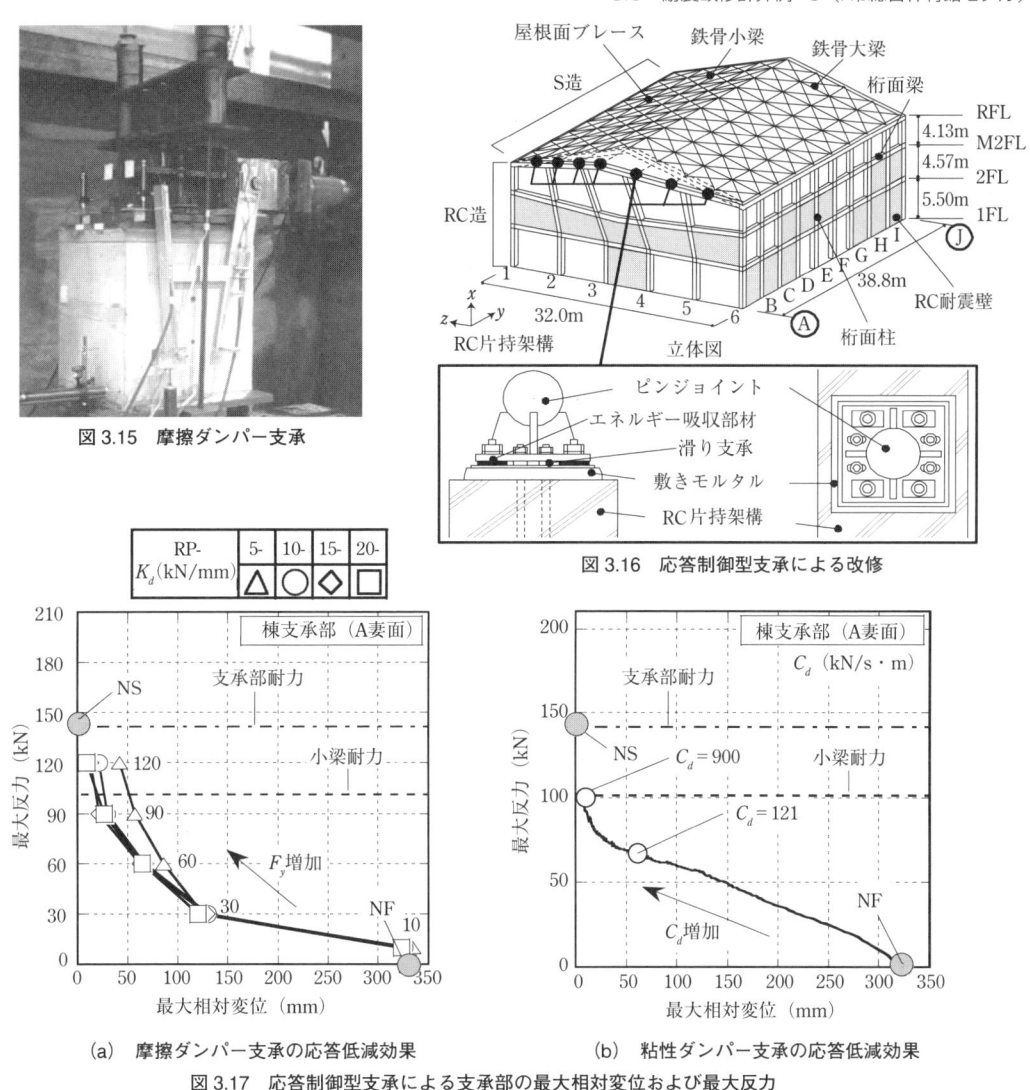

(a) 摩擦ダンパー支承の応答低減効果
(b) 粘性ダンパー支承の応答低減効果
図 3.17 応答制御型支承による支承部の最大相対変位および最大反力

の自由状態（NF）ではRC片持架構の最大応答変位は300 mmを超えるが，摩擦ダンパーを挿入すると初期剛性15 kN/mm以上，滑り耐力60～90 kN程度で，粘性ダンパーでは粘性減衰係数120 kN/sm程度で支承部反力を100 kN以下，最大変形を70 mm程度以下に制御することが可能となっている。このように応答制御型支承を適切に挿入することで支承部の反力を抑えつつ，RC片持架構の最大応答変位を抑えることが可能となる。応答評価は時刻歴応答解析による他，文献3.2.1）に等価1質点系による簡易応答評価手法が紹介されている。

3.3 耐震改修計算例-3（I市総合体育館モデル）

3.3.1 耐震診断結果の概要と改修方針

第2章「2.3 耐震診断計算例-3」の耐震診断結果から，メイントラスの支持脚部において，
- 支柱脚部でトラス直交（Y）方向の（作用せん断力/許容せん断力）= 1.22と不足している。

79

- アンカーボルトでトラス構面（X）方向の（作用せん断力/許容せん断力）= 1.73 と不足している。
- アンカーボルトでトラス直交（Y）方向の（作用せん断力/許容せん断力）= 1.75 と不足している。

といった診断結果になっている。

このとおり，アンカーボルトのせん断耐力で決まる結果になっているが，既存のアンカーボルトをそのまま活かせるように，地震入力を減じる改修になる「免震構造」を採用した場合の検討をする。なお，免震層の位置を改修が比較的容易となる屋根を支持するメイントラスの8カ所の支承部に配置する計画とする。

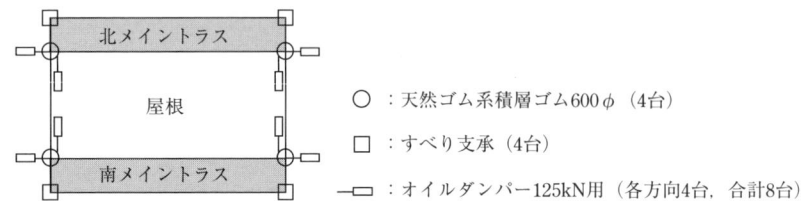

図 3.18　免震装置配置図

3.3.2　検討条件の確認

鉄骨置屋根構造の屋根支承部に免震装置を配置した場合は，中間階免震構造となる。

したがって，通常であれば時刻歴応答解析によるが，ここでは1章 6.2 節および文献 1-6.1) に従い，等価線形化法を応用した限界変形時の割線剛性を用いた地震応答評価法により検討を行う。

文献 1-6.1) によれば，鉄骨置屋根構造の屋根支承部に免震層を設けた場合，建物全体と屋根部の質量比 $R_M \geq 1.2$，あるいは免震支承付き屋根部と下部構造の固有周期比 $\beta > 5.0$ の条件を満たせば，屋根部を1質点系にモデル化して応答評価することができることが示されている。

1) 建物全体と屋根部の質量比（R_M）の算定

屋根全体の質量は，$M_R = 5\,269$ (kN) であり，下部構造（屋根部分を除く地上部分の質量）の質量は，$M_s = 46\,142$ (kN) となっている。したがって質量比 R_M は，

$$R_M = (M_R + M_s)/M_R = (5\,269 + 46\,142)/5\,269 = 9.7$$

2) 固有周期比（β）の算定

免震層の免震装置検討の際，固有周期 $T_{eq} \geq 2.0$（秒）を満たすことを条件とする。

また下部構造の固有周期 T_s は，1次固有周期が 0.1（秒）程度（**表 3.2** 参照）になっていることから，$T_s = 0.1$（秒）とする。したがって固有周期比 β は，

$$\beta = T_{eq}/T_s = 20.0$$

以上の 1) 質量比 $R_M > 1.2$，2) 固有周期比 $\beta > 5.0$ から，免震層の検討は，1質点系にモデル化して免震装置の検討を行うことができることが確認できた。

3.3.3　免震層の検討

1) 屋根の質量（M_R）の算定

$$M_R = (3\,450 + 1\,819)/9.8 = 5\,269/9.8 = 537.7 \text{ (t)} = 537.7 \times 10^3 \text{ (kg)}$$

2) 免震層の接線剛性（K_f）の算定

屋根の重量を8点で支持しているが，その多くは2台のメイントラスの屋根中央寄りのトラスが

支持していることから，4点で支持されるものとする。支点反力 R は，

$$R = (3\,450 + 1\,819)/4 = 1\,317 \text{ (kN)}$$

よって天然ゴム系積層ゴム 600ϕ（推奨長期軸力 $2\,826$ kN）4台，残りの支点はすべり支承を配置する。この時，鉛直荷重が非常に小さいので，すべり支承材によるせん断剛性を0として扱う。したがって天然ゴム系積層ゴムの接線剛性 K_f は，

$$K_f = 0.69 \times 4 = 2.76 \text{ (kN/mm)} = 2.76 \times 10^3 \text{ (kN/m)} \quad \text{（装置の諸元はテキスト p.83）}$$

3) 免震層の限界変位（δ_s）の設定

免震材料の積層ゴム 600ϕ の限界変形 $\delta_u = 480$ (mm) から，告示に示された免震材料の種類に応じて定められた数値 $\beta = 0.8$ を考慮して求める。

$$\delta_s = \beta \times \delta_u = 0.8 \times 480 = 384 \text{ (mm)} = 0.384 \text{ (m)}$$

4) 屋根を剛体とした時の固有周期（T_f）の算定

$$T_f = 2\pi\sqrt{\frac{M_R}{K_f}} = 2 \times 3.14 \times \sqrt{\frac{537.7 \times 10^3}{2.76 \times 10^6}} = 2.77 \text{ (秒)} > 2.0 \text{ (秒)}$$

5) 5%減衰時の要求スペクトルに対する応答低減率（F_h）の算定

ここでは流体系ダンパーを用いる。ダンパーは反力分布を四隅で支持するボックス壁柱へ均等に作用させたいので各方向にそれぞれ4台設置する。ここでは，最大減衰力 125 (kN)（1次減衰係数 $C_{d1} = 1.875$ kN 秒/mm $= 1.875/9.8 \times 10^3$ t 秒/m）とする。

$$h_v = \frac{1}{4\pi} \cdot \frac{T_s \sum C_{vi}}{M_R} = \frac{1}{4 \times 3.14} \times \frac{2.77 \times (1.875/9.8 \times 10^3 \times 4)}{537.7} = 0.314$$

この時，履歴系免震材料を用いていないので $h_d = 0$ となり，設計限界固有周期 $T_S = T_f$ とした。減衰による加速度の低減率 F_h を求める。

$$F_h = \frac{1 + 10 \times 0.05}{1 + 10h} = \frac{1.5}{1 + 10 \times (h_d + h_v)} = \frac{1.5}{1 + 10 \times 0.314} = 0.362 < 0.40$$

告示に倣い低減率を $F_h = 0.4$ を採用する。

6) 要求スペクトルの算定

要求スペクトルは告示2009号に従い，減衰材による等価減衰定数を求め，5％減衰時の要求ス

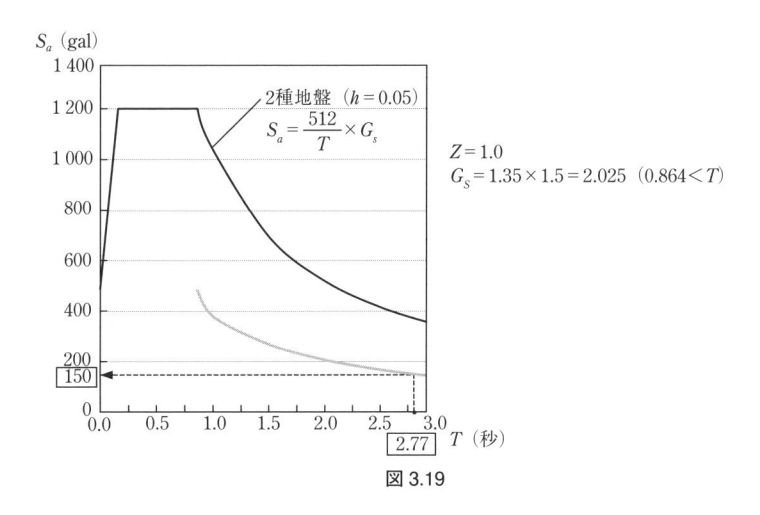

図 3.19

ペクトルに対して，等価減衰定数による応答低減率 F_h を乗じて設定する。

7) 免震層に作用する地震力 Q（応答せん断力）の算定

$$Q = \frac{5.12 \times M_R \times F_h \times Z \times G_S}{T_S} = \frac{5.12 \times 537.7 \times 0.4 \times 1.0 \times 2.025}{2.77} = 805.0 \text{ (kN)}$$

この時，地盤の増幅係数 $G_s = 2.025$ とした。

8) 免震層の応答変位（δ_r）の算定

この時偏心を無視するが，免震材料のばらつきを1.2として考慮する。

$$\delta_r = d \times \frac{Q}{K_f} = 1.2 \times \frac{805.0}{2.76 \times 10^3} = 0.350 \text{ (m)} < \delta_S \quad \text{OK}$$

9) 免震層の応答速度（V_r）の算定

限界速度に対する検討をする。

$$V_r = 2.0 \times \sqrt{\frac{(Q_h + Q_e)\delta_r}{M_R}} = 2.0 \times \sqrt{\frac{805.0 \times 0.35}{537.7}} = 1.44 \text{ (m/s)} = 144 \text{ (cm/s)} < 150 \quad \text{OK}$$

したがって，免震層に作用する層せん断力が，5 474 (kN) から 805.0 (kN) に減じた結果，層せん断力の低減率 α は，$\alpha = 805.0/5\,474 = 0.147$ となった。アンカーボルトの許容せん断耐力が最も不足するトラス直交（Y）方向で（作用せん断力/許容せん断力）$= 1.75 \times \alpha = 0.26 \leqq 1.0$ となり，現状のアンカーボルトでも支持可能な結果となった。

3.3.4 まとめ

以上の検討結果から，鉄骨屋根の支持部を免震層とする，いわゆる中間層免震改修の効果がある結果となった。

ただし免震化のためには，鉄骨屋根面と外壁間の止水性能が確保できる絶縁対策を施す改修が必要であり，また，免震装置の挿入高さを確保するためには屋根全体をジャッキアップする場合も考えられる。さらに免震クリアランス確保や設備配管の免震継手対応なども必要となる等，免震建物固有の問題を解決していく必要がある。

なお，応答変位がかなり大きな計算値となっているが，免震装置の面圧も低く，また今のところ免震装置にこれ以上小径の製品が無いことから，場合によってはゴム層厚の高いタイプを用いる，あるいは免震装置に球面滑り支承を採用する等といった工夫も必要になると思われる。なお，引き抜き力に対する検討については無視している。

3.3 耐震改修計算例-3 (I市総合体育館モデル)

■代表的な免震部材の諸元

（免震・制振構造の設計（日本建築学会関東支部）の付録1．代表的な免震部材の諸元より）

- 天然ゴム系積層ゴム

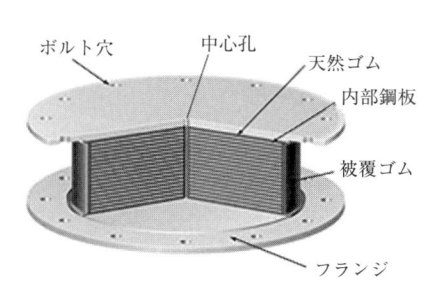

面圧10N/mm²タイプ

外径（mm）	600
有効断面積（×10²mm²）	2 826
ゴム1層厚（mm）	4.0
ゴム層数	30
ゴム総厚	120
1次形状係数	36.5
2次形状係数	5.0
フランジ外径（mm）	900
総高さ（mm）	266
設計長期面圧（N/mm²）	10
推奨長期軸力（kN）	2 826
鉛直剛性（kN/mm）	2 140
水平剛性（kN/mm）（×10⁶N/m）	0.69
限界変形（mm）	480

- 免震用オイルダンパー

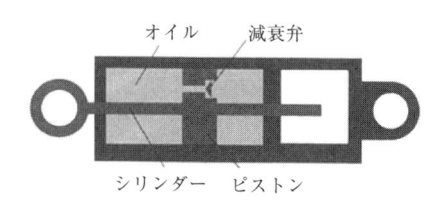

最大減衰力（kN）	125
1次減衰係数 C_{d1}（kNsec/mm）	1.875
2次減衰係数 C_{d2}（kNsec/mm）	0.02
リリーフ速度（mm/sec）	60.0
リリーフ荷重（kN）	113
最大速度（cm/sec）	150
ストローク（mm）	640
シリンダー外形（mm）	140

- 球面滑り支承

T_0 = 4.5secタイプ

スライダー直径（mm）	200	300	400	500
支持力（kN）	1 885	4 241	7 540	11 781
すべり係数	0.047	0.047	0.047	0.047
限界変形（mm）	500	500	500	500
直径（mm）	770	870	970	1 070
高さ（mm）	172	184	207	229

資料編

A1　鉄骨置屋根構造の地震被害

A1.1　N市市民体育館

A1.1.1　はじめに

　N市市民体育館は2011年3月11日に発生した東北地方太平洋沖地震（M 9.0, N市震度6強）および4月7日の余震（M 7.2 N市震度6弱）により，鉄骨置屋根式のトラス梁支承部に被害が認められた。ここではN市市民体育館について報告する。なお，本建物は2012年9月から2013年3月にかけて改修工事が行われた。

A1.1.2　建物概要

1. 建物名称　　　N市市民体育館
2. 所　在　地　　宮城県N市
3. 用　　途　　　体育館
4. 設計年月　　　昭和54年7月（1979年）
5. 竣工年月　　　昭和56年1月（1981年）
6. 構造種別　　　鉄筋コンクリート造
7. 骨組形式　　　X方向：ラーメン架構　Y方向：耐震壁付ラーメン架構
8. 基礎形式　　　杭基礎（AC杭ϕ400, $L=11.0$ m, 長期杭耐力50 t/本）
9. 規　　模　　　RC造3階
　　　　　　　　　建築面積　3 915.63 m^2
　　　　　　　　　延床面積　5 549.77 m^2
　　　　　　　　　軒　　高　15.0 m

A1 鉄骨置屋根構造の地震被害

図 A1.1.1　建物全景

図 A1.1.2　建物北面

資料編

A1.1.3 基準階伏図・軸組図

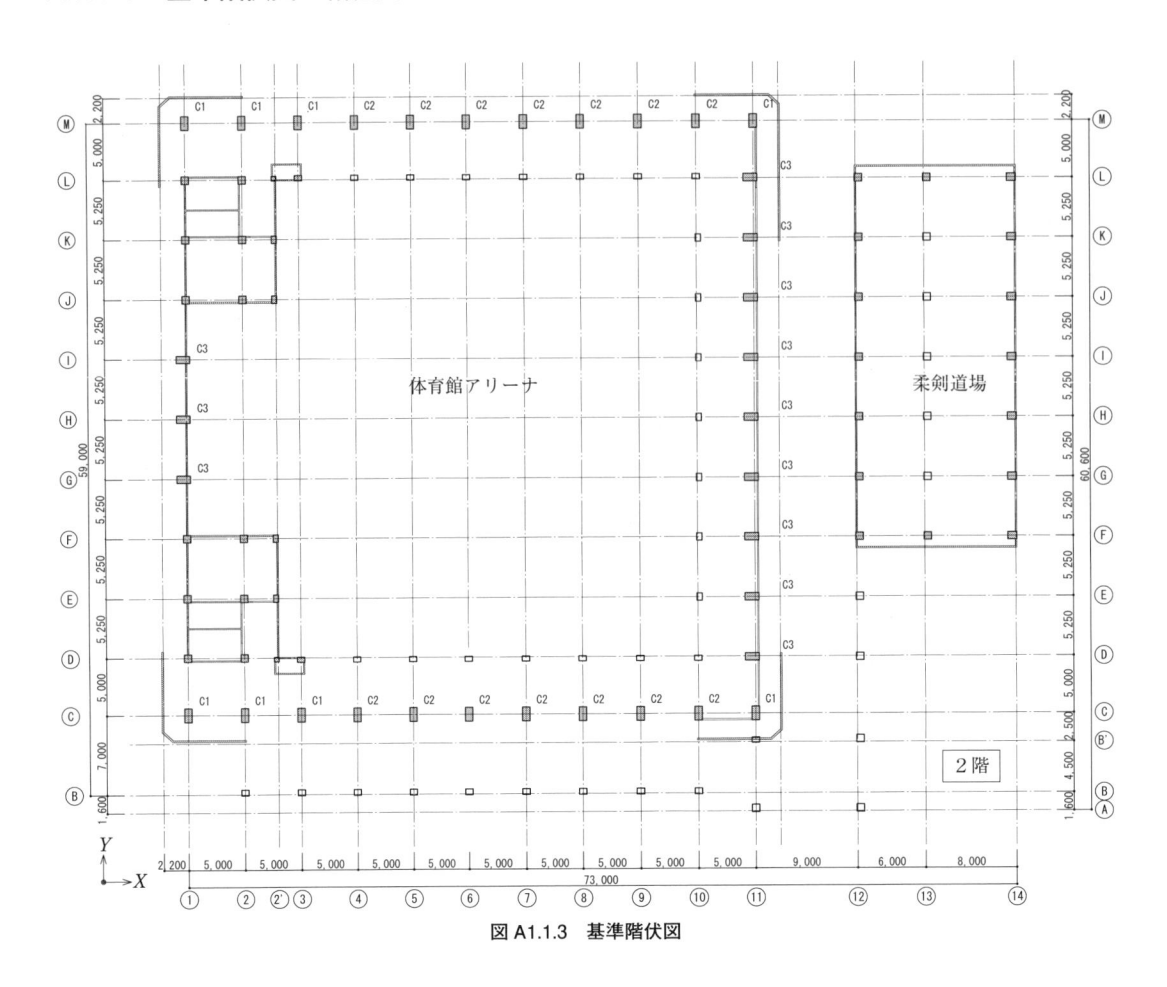

図 A1.1.3 基準階伏図

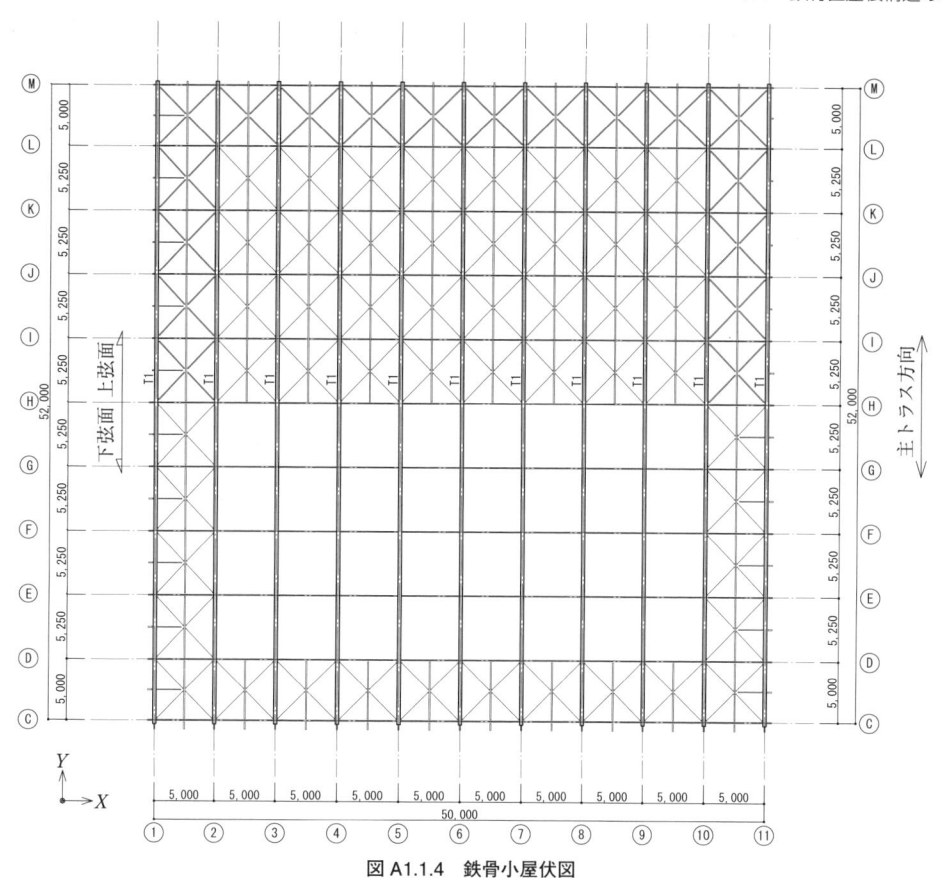

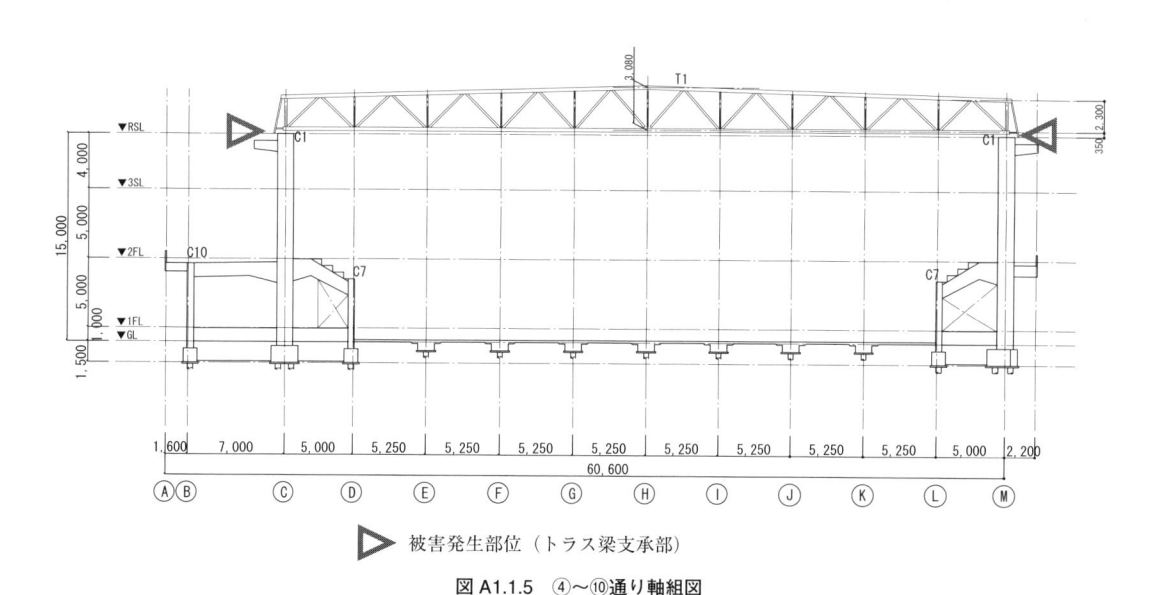

A1 鉄骨置屋根構造の地震被害

図 A1.1.4 鉄骨小屋伏図

▷ 被害発生部位（トラス梁支承部）

図 A1.1.5 ④〜⑩通り軸組図

図 A1.1.6 ⑪通り軸組図

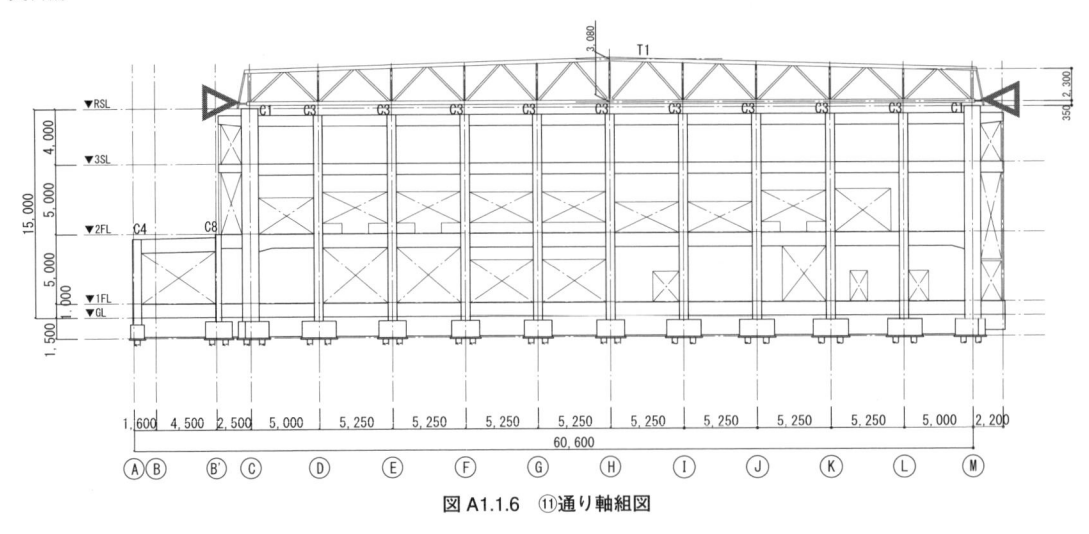

A1.1.4 被害概要

　主な損傷は鉄骨トラス梁端部とRC柱頭部の接合部（以下トラス梁支承部）ではアンカーボルトの破断や大きな伸び，台座モルタルの割れや粉砕など，サブトラス材ではラチス材の変形や水平ブレース材の変形である。さらにトラス梁を支えるRC造柱にも曲げひび割れがあり，特に主トラスと直交する片持ち式のRC柱（11通り）の方が，アリーナ部のRC柱（C通り，M通り）より曲げひび割れが大きいものとなっている。

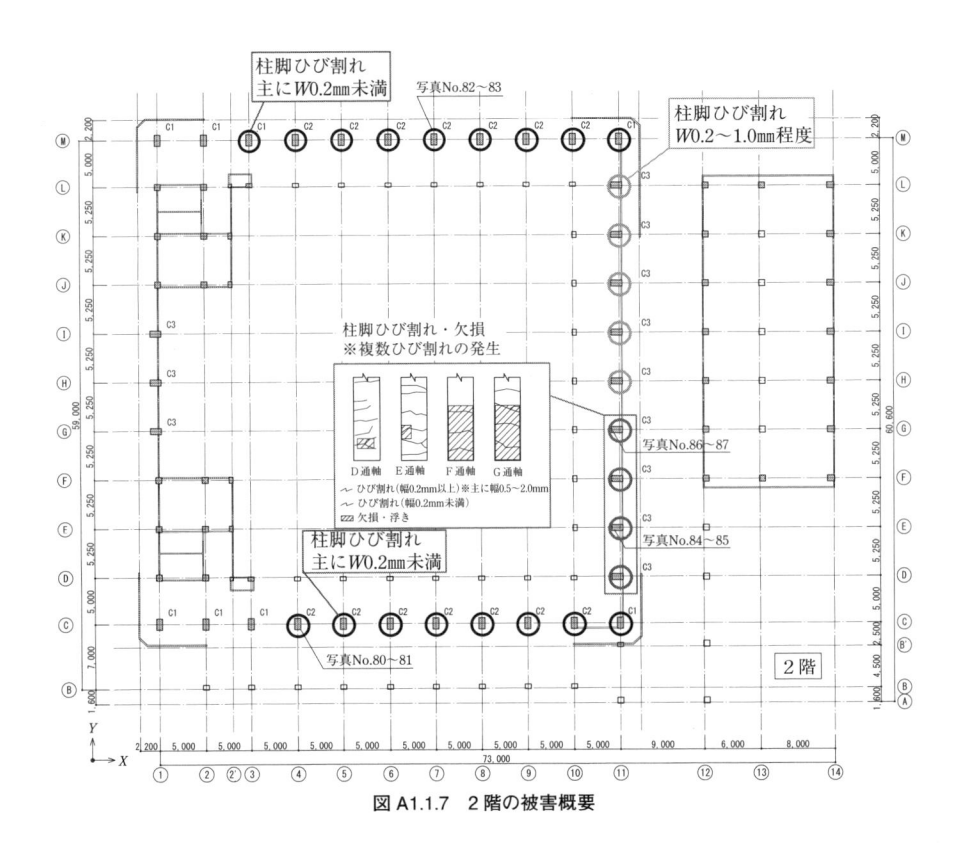

図 A1.1.7　2階の被害概要

(1) トラス梁支承部の損傷

図 A1.1.9 および図 A1.1.10 において，鉄骨トラス梁の支点は，片側（C 通り）はピン支承，一方（M 通り）はルーズホールを設けたローラー支承となっている．実際はローラー支承の納まりは不十分で両端ピンに近い状態にあったと考えられる．

アンカーボルトを含めたトラス梁支承部の損傷は次の 4 つのパターンに分類される．

ピン支承側（C 通り）

① アンカーボルト（以下 A.B）の引張による破断・台座モルタルの粉砕

② A.B の引抜き・ボルトの緩み，台座モルタルの破砕

ローラー支承側（M 通り）

③ A.B のせん断による破断

④ A.B の伸びとボルトの緩み

分類した 4 つのパターンを図 A1.1.8 および図 A1.1.12 ～ A1.1.23 に示す．

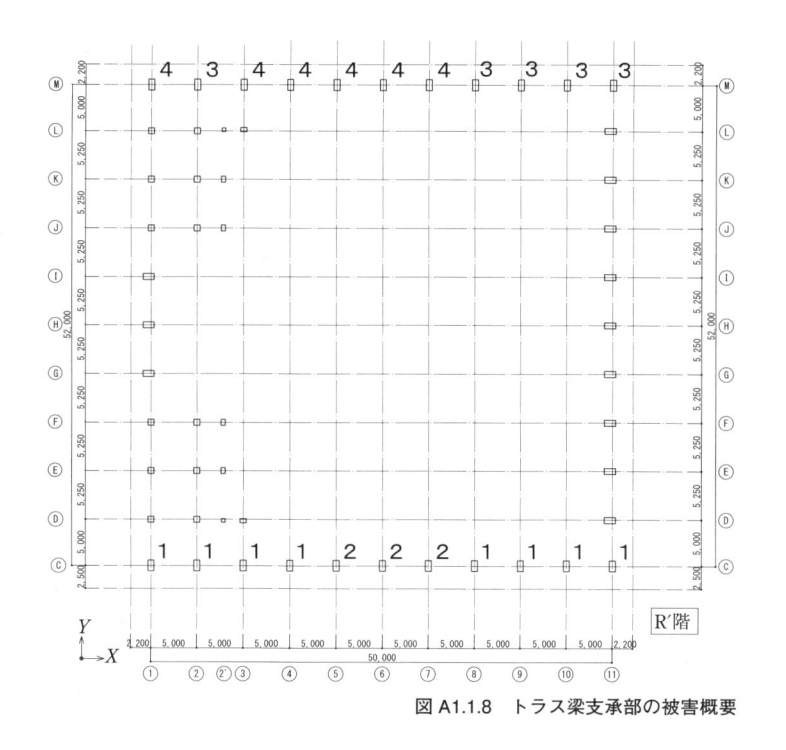

図 A1.1.8 トラス梁支承部の被害概要

(2) サブトラスのラチス材の圧縮による変形（Buckling of sub truss by compression）

この損傷は主トラス梁で柱脚がピン支承となっている C 通りのサブトラスのラチス材（○ −76.3 × 2.8）に見られるもので，ローラー支承の M 通りには見られないものである．

柱脚の構造形式の違いから基準座標 X 方向においてフレーム剛性の高い C 通りに集中したものと考えられる．変形の様子を図 A1.1.24 に示す．

(3) 屋根面ブレースの圧縮による変形

使用しているブレースは 19φ，22φ の丸鋼ブレースと山形鋼の L−75 × 75 × 6 と L−65 × 65 × 6

の 4 種類であり，主にトラス梁上弦面に配置されている。水平ブレースの曲がりは屋根全面に点在して見られることから，複雑な挙動であったと推測される。

水平ブレースの曲がりの様子を**図 A1.1.25** に示す。

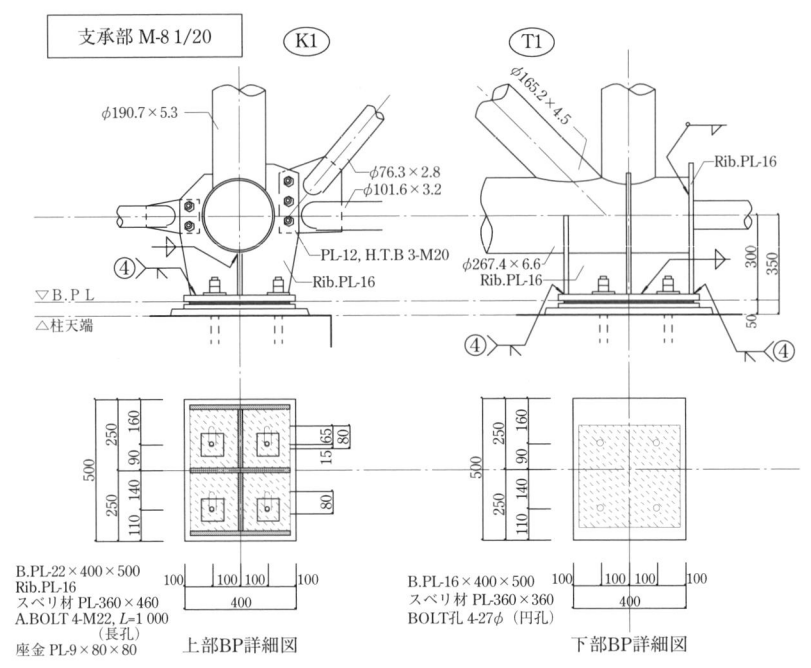

図 A1.1.9　トラス梁支承部詳細図 M-8 通り

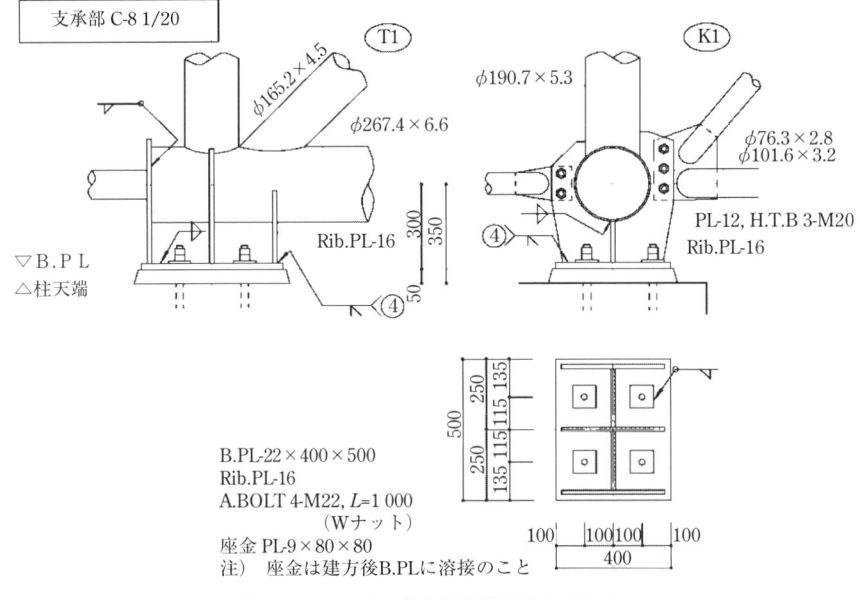

図 A1.1.10　トラス梁支承部詳細図 C-8 通り

(4) RC造柱の曲げひび割れ

アリーナ周囲のRC柱全般に認められる。特に置き屋根の鉛直時軸力を主に支えていると思われる，妻面11通りRC柱の柱脚において，大きな曲げひび割れが発生している（図A1.1.7，図A1.1.26〜A1.1.27）。C通りフレームに近い3本の損傷が大きいことから，主トラス梁支承部の構造形式の違いによる影響があることも考えられる。

アリーナ部のメインフレームを支えるC通り，M通りRC柱の柱脚（2階）で微細な0.1〜0.2mmほどの曲げひび割れが認められる。

RC造柱の配筋図を図A1.1.11に示す。

符号	C1	C2	C3
3階			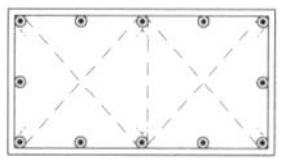
B×D	650×1 200	650×1 200	1 200×650
主筋	12-D25	14-D25	12-D25
フープ	2-D13-@100	2-D13-@100	2-D13-@100
2階	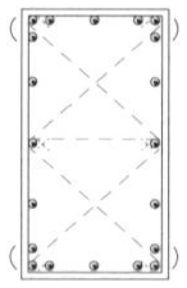	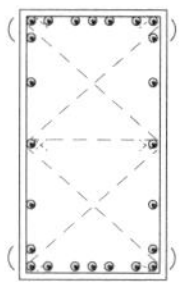	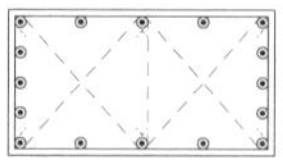
B×D	650×1 200	650×1 200	1 200×650
主筋	20-D25	24-D25	16-D25
フープ	2-D13-@100	2-D13-@100	2-D13-@100
1階	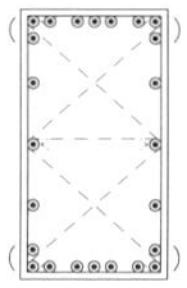	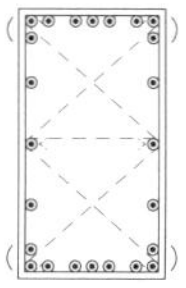	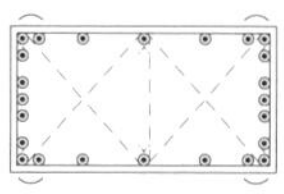
B×D	650×1 200	650×1 200	1 200×650
主筋	24-D25	24-D25	24-D25
フープ	2-D13-@100	2-D13-@100	2-D13-@100

図A1.1.11 柱リスト

(5) その他の損傷

柔剣道場の天井で吊り材として使用されているフックがはずれ，天井全体が床面に落下した（図A1.1.29）。

資料編

図A1.1.12 C-1柱 損傷パターン①

図A1.1.13 C-3柱 損傷パターン①

図A1.1.14 C-5柱 損傷パターン②

図A1.1.15 C-7柱 損傷パターン②

図A1.1.16 C-9柱 損傷パターン①

図A1.1.17 C-11柱 損傷パターン①

A1 鉄骨置屋根構造の地震被害

図 A1.1.18　M-1 柱 損傷パターン④

図 A1.1.19　M-3 柱 損傷パターン④

図 A1.1.20　M-5 柱 損傷パターン④

図 A1.1.21　M-7 柱 損傷パターン④

図 A1.1.22　M-9 柱 損傷パターン③

図 A1.1.23　M-11 柱 損傷パターン③

資料編

図 A1.1.24　サブトラスパイプの曲がり

図 A1.1.25　屋根上面水平ブレースの曲がり

図 A1.1.26　G-11 柱脚曲げによる損傷

図 A1.1.27　F-11 柱脚曲げによる損傷

図 A1.1.28　スベリ材　上板　PL-3 × 360 × 460
　　　　　　スベリ材　下板　PL-3 × 360 × 460
　　　　　　表面テフロン加工

図 A1.1.29　天井吊りボルトの破断

A1.2 I市総合体育館

A1.2.1 はじめに

2011年3月11日に発生した東北地方太平洋沖地震（M 9.0, I市震度6強）および4月7日の余震（M 7.2, I市震度6強）により，鉄骨置屋根式の梁支承部に被害が認められた。ここではI市総合体育館について報告する。なお，本建物は昨年度末までに応急復旧工事が実施された。

A1.2.2 建物概要

1. 建物名称　　I市総合体育館
2. 所　在　地　宮城県I市
3. 用　　途　　体育館
4. 設計年月　　昭和54年4月（1979年）
5. 竣工年月　　昭和55年8月（1980年）
6. 構造種別　　鉄筋コンクリート造一部鉄骨造
7. 骨組形式　　X方向：耐力壁付ラーメン架構，Y方向：耐力壁付ラーメン架構
8. 基礎形式　　杭基礎（高強度PC杭 $\phi350 \sim 400$, $L = 7.0 \sim 9.0$ m, 長期杭耐力 $48.0 \sim 62.0$ t/本）
9. 規　　模　　RC造3階
    建築面積　4 260.46 m^2
    延床面積　5 883.96 m^2
    軒　　高　16.7 m

図 A1.2.1　建物全景

資料編

図 A1.2.2 建物南面

A1.2.3 伏図・軸組図

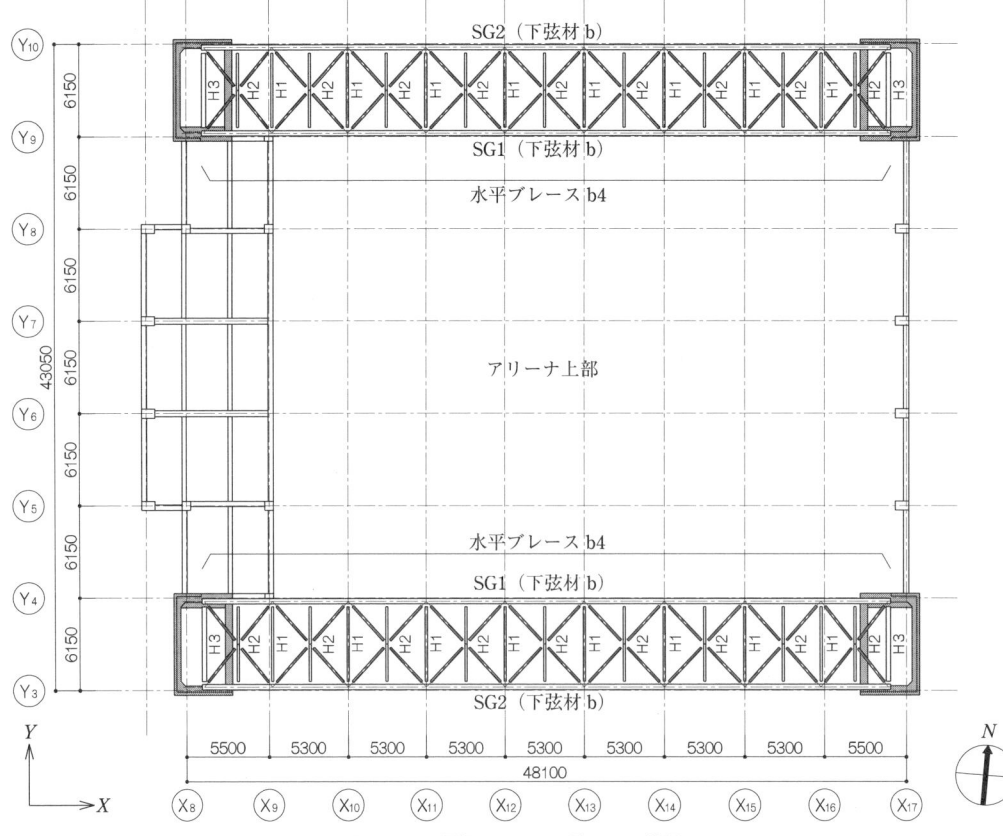

図 A1.2.3 屋根トラスの下弦レベル伏図

A1 鉄骨置屋根構造の地震被害

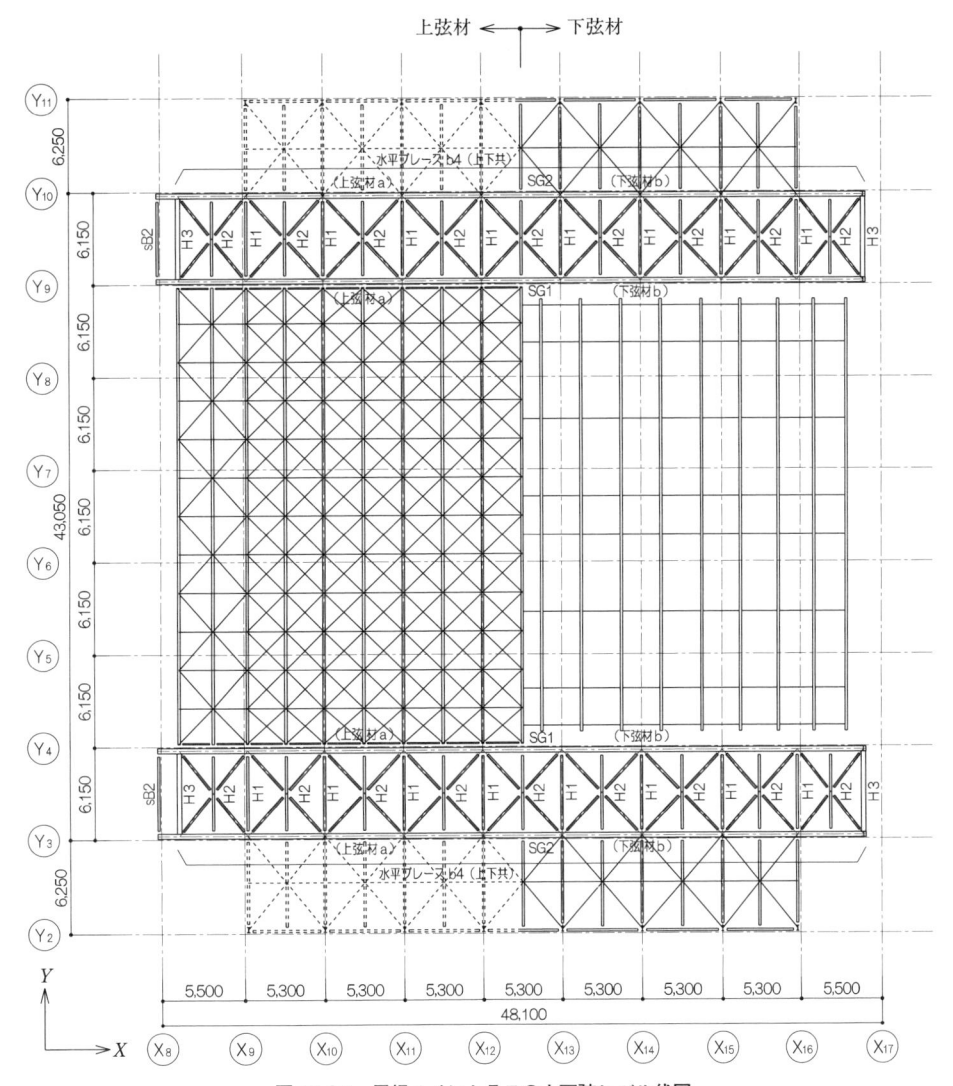

図 A1.2.4 屋根メイントラスの上下弦レベル伏図

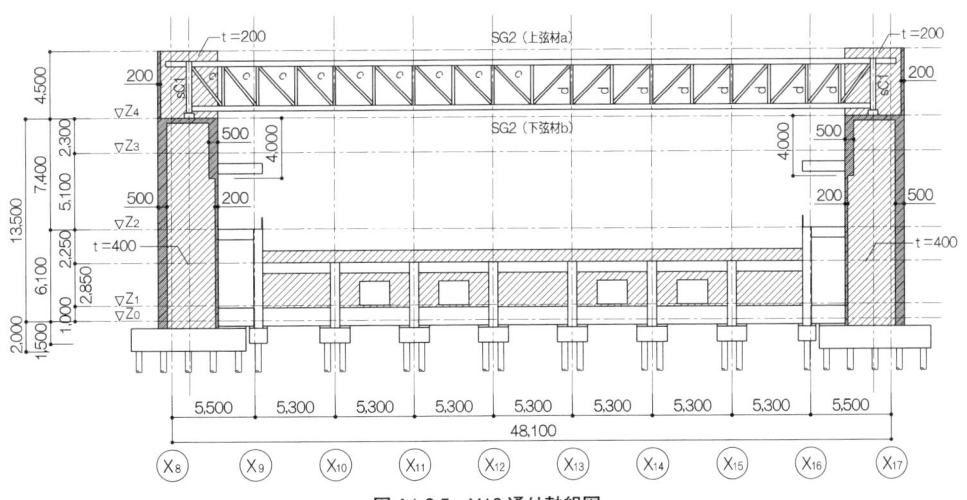

図 A1.2.5 Y10 通り軸組図

資料編

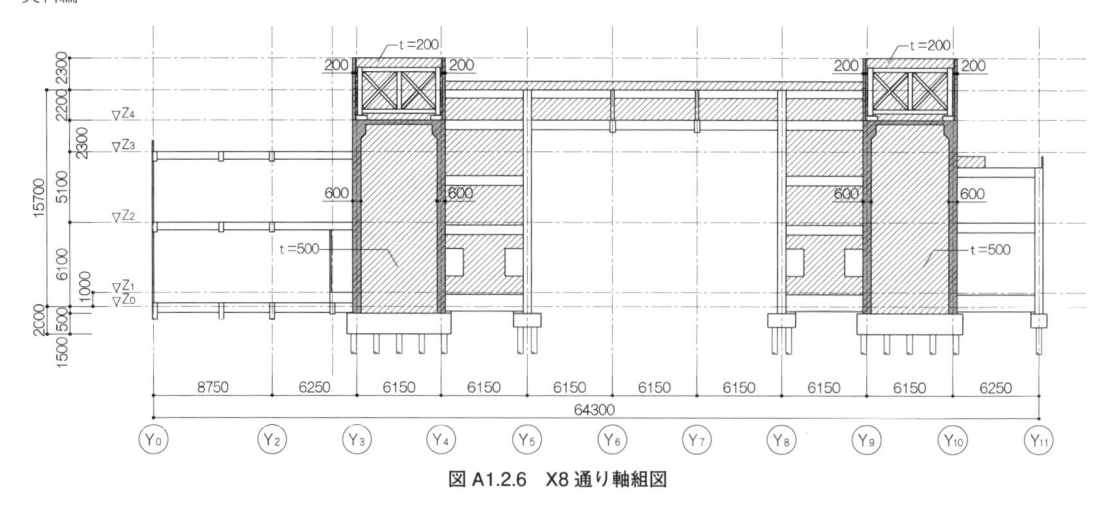

図A1.2.6 X8通り軸組図

A1.2.4 被害概要

　主な被害は，屋根全体を支持している東西方向に架け渡された2列を1組にした2台の鉄骨トラス梁（以下，メイントラス）の両端部で生じている。このメイントラス両端部は，階段室周囲にRC壁を四角形状に配した構造体（以下，ボックス壁）の頂部とアンカーボルトを介して緊結されている（以下，トラス梁支承部）。このトラス梁支承部のアンカーボルトおよびベースモルタルが著しく損傷し，トラスレベル全体が下がった結果，外装材や屋根面にも影響が現れた。また，2台のメイントラス間に架け渡されたサブトラスには，損傷はほとんど無かったが，一部の水平ブレースに一度伸ばされたために座屈した部材も見られた。なお，メイントラスを支持する階段室周りのボックス壁については，問題となるような損傷は見られなかった。

(1) トラス梁支承部の損傷

　屋根は建物の南北側に東西方向へ掛け渡した2台の鉄骨造のメイントラスによって支持されている（図A1.2.10～A1.2.13）。このメイントラスのトラス梁支承部間のスパンは45.7 m，南北に配置されたメイントラス間の内々の間隔は31.2 mとなっている。

　さらに，屋根の鉛直荷重や地震時の水平荷重の反力点は，このメイントラス端部に設けられた合計8カ所の支承部となっている。この支承部分の損傷状況は，アンカーボルトの破断・引き抜き・伸び，ベースモルタル粉砕などとなっている（図A1.2.14～A1.2.22）。この中のベースモルタルの粉砕によって，メイントラスのレベルが全体的に50 mm程度下がっている。

　なお，メイントラスの寸法と主たる部材を図A1.2.7に示す。メイントラスの上下弦材中心間距離は3.0 mで，上下弦材はH–350×350（JIS H形鋼），ラチス材はH–350×175（JIS H形鋼）となっている。トラス梁支承部は，柱材（束材）のH-350×350（JIS H形鋼）の端部に設けたベースプレートを介し，8–22φのアンカーボルトによってボックス壁頂部と固定されている。

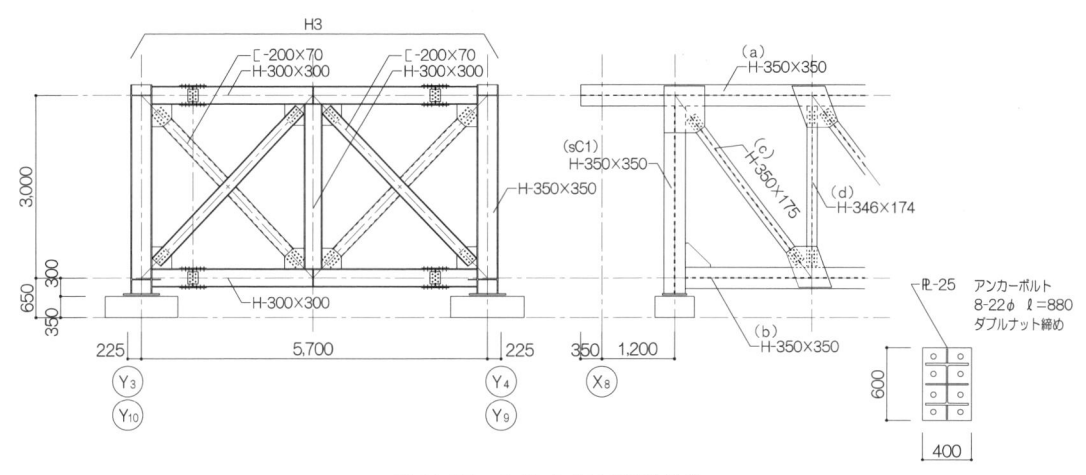

図 A1.2.7　メイントラスの部材構成

(2) 屋根面ブレース

メイントラスと南面（Y2通り）・北面（Y11通り）のカーテンウォール（2階観客席の背面）との間に配置された水平ブレースの多くが座屈している。メイントラスの水平ブレースの一部も面外へ座屈したものも見られた（図 A1.2.23）。

(3) トラス梁支承部以外の損傷

メイントラスの下弦材と同一レベルから突出したX8通りの片持ち柱（西面頂部の外壁立ち上がりに設けられた柱）の柱脚に，曲げによるカバーコンクリートの圧壊現象が生じた（図 A1.2.24）。さらに，X8通りの壁頂部にサブトラス（T1トラス）が衝突した跡も残っていたことから，柱を含む外壁頂部に大きな水平力が作用したと考えられる（図 A1.2.25）。

(4) ボックス壁のひび割れ状況

ボックス壁はアリーナの四隅に配置され，メイントラスの支承部を支持している。図 A1.2.8のように外法寸法は，6.75 m × 4.0 mで，壁の厚さは，600，500，200 mmとなっている。また，図 A1.2.9の階段室側からの目視調査に限れば，主にコーナー部分，打継ぎ部にひび割れが生じているが，その程度は限定的であり，大きな損傷は認められなかった（図 A1.2.9，図 A1.2.26）。

資料編

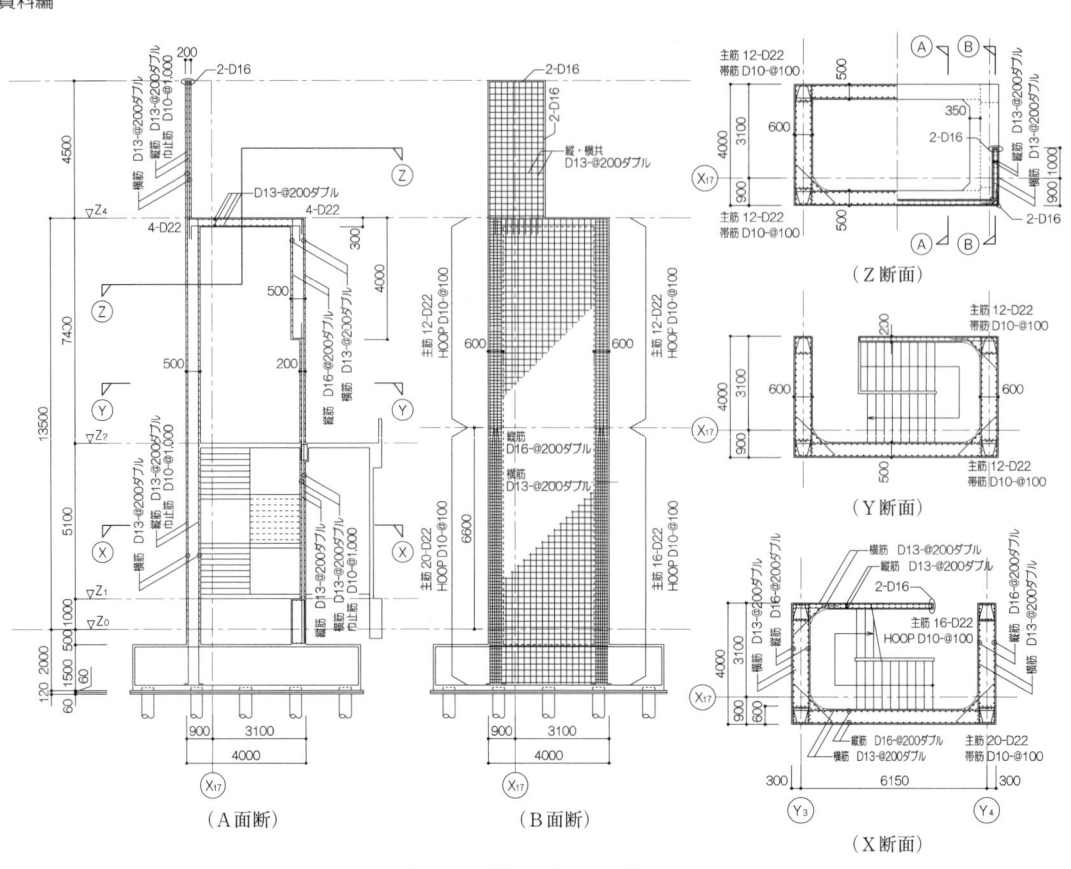

図 A1.2.8　階段室壁の配筋詳細図

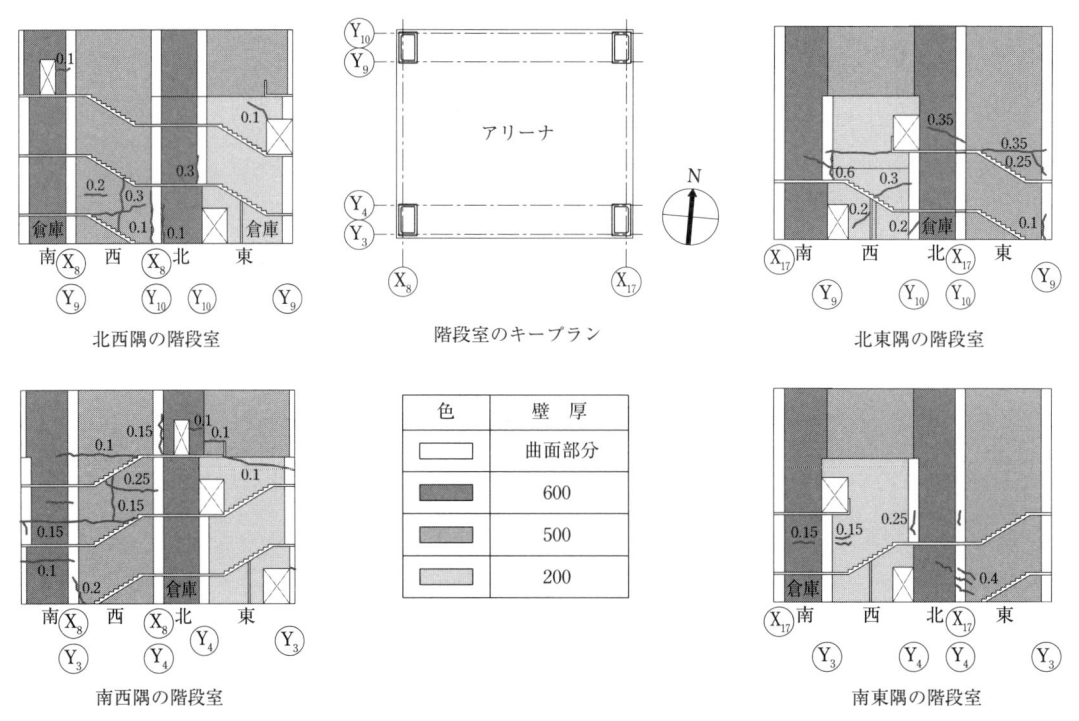

図 A1.2.9　階段室壁内面のひび割れ状況図

(5) その他の損傷

その他の損傷としては，以下のものが挙げられる。

- 天井暖房パネルの吊りボルトに破断発生（**図 A1.2.27**）
- メイントラスレベルの下がりにより，外壁 ALC を支持する鉄骨部材に損傷発生と，屋根の水勾配へ影響発生（**図 A1.2.28**，**A1.2.29**）
- ステージ上部のブドウ棚支持部材の取付け部に損傷発生（**図 A1.2.30**）
- 外構の沈下により，外周に取り付く階段などに段差発生（**図 A1.2.31**）

図 A1.2.10　アリーナから南側2階観客席を臨む

図 A1.2.11　南側メイントラス全景（2）

図 A1.2.12　北側メイントラスのトラス梁支承部見上げ

図 A1.2.13　南側メイントラスのトラス梁支承部見上げ

資料編

図 A1.2.14　X8-Y9 トラス梁支承部の損傷状況

図 A1.2.15　X8-Y9 トラス梁支承部の損傷状況

図 A1.2.16　X8-Y9 トラス梁支承部の損傷状況

図 A1.2.17　X8-Y10 トラス梁支承部の損傷状況

図 A1.2.18　X8-Y10 トラス梁支承部の損傷状況

図 A1.2.19　X8-Y4 トラス梁支承部の損傷状況

A1　鉄骨置屋根構造の地震被害

図 A1.2.20　X8-Y4 トラス梁支承部の損傷状況

図 A1.2.21　X8-Y3 トラス梁支承部の損傷状況

図 A1.2.22　X8-Y3 トラス梁支承部の損傷状況

図 A1.2.23　北側メイントラス脇の水平ブレース座屈状況

図 A1.2.24　X8 通り-1200 の柱脚損傷状況

図 A1.2.25　X8 通り-1200 の T1 上弦材の衝突跡

資料編

図 A1.2.26 ボックス壁のひび割れ状況

図 A1.2.27 暖房パネル吊り部材の破断

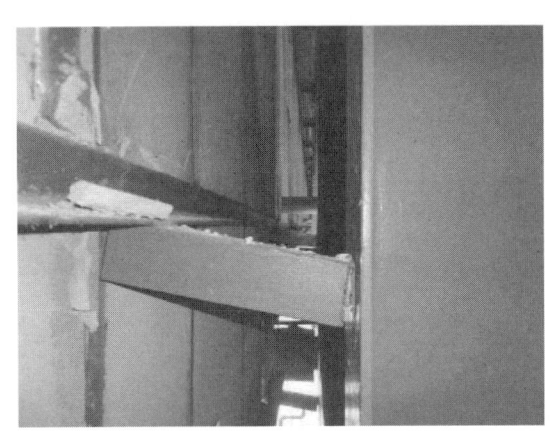

図 A1.2.28 北面外壁（ALC）支持材の損傷

図 A1.2.29 屋根北東隅のトラス沈下による影響

図 A1.2.30 ステージ上ぶどう棚固定部の破損状況

図 A1.2.31 外周に取り付く階段の段差発生

A1.3 茨城県 N 高校体育館

N 高校体育館は 1984 年設計，翌年竣工の地上 2 階 SRC 造の体育館である。平面図と代表的な軸組図を図 A1.3.1 に示す。1 階は SRC の壁付きラーメン構造であり，武道場とピロティとして使用されている。2 階はスパン 32 m，桁行き 38.8 m の競技場となっており，10 列の山形架構により屋根が構成されている。妻面の A 通りおよび J 通り架構は壁付き RC 架構，残りの B〜I 通り架構は鉄骨山形ラーメンである。

被害状況を図 A1.3.2〜A1.3.5 に示す。3FL〜RFL の妻面 RC 独立壁の柱には多くの曲げクラックが観察され（図 A1.3.2），屋根部の妻面付近で RC 架構と鉄骨架構間の屋根ブレースが全面的に座屈し（図 A1.3.4），屋根ブレースの妻面定着部が多くの位置で損傷した（図 A1.3.3）。このため，屋根材は妻面近傍で大きく陥没し損傷した。

競技場ではシステム天井が全面的に落下した（図 A1.3.5）。このシステム天井は乾式フレームにエキスパンドメタル天井を乗せただけの簡単な形式のもので，フレーム接合部の破断・変形によりエキスパンドメタルパネルのほとんどが落下した。釣りフックには，長さ調整のため規定金物を切断・溶接した跡が見られた。エキスパンドメタルパネルは重量が 20 kg 強あり，端部が鋭利な切り離しとなっているため，人に当たると深刻な被害をもたらすことが予想される。幸い地震時には授業が行われておらず，死傷者は出なかった。図 A1.3.2 の被害状況からは，妻構面の RC 壁付フレームが面外方向に大きく応答変形したことが推察される。また，妻面の RC 耐震壁付き架構とその内側の鉄骨山形架構との境界部の屋根ブレースおよびその定着部が大きく損傷しており，この原因と

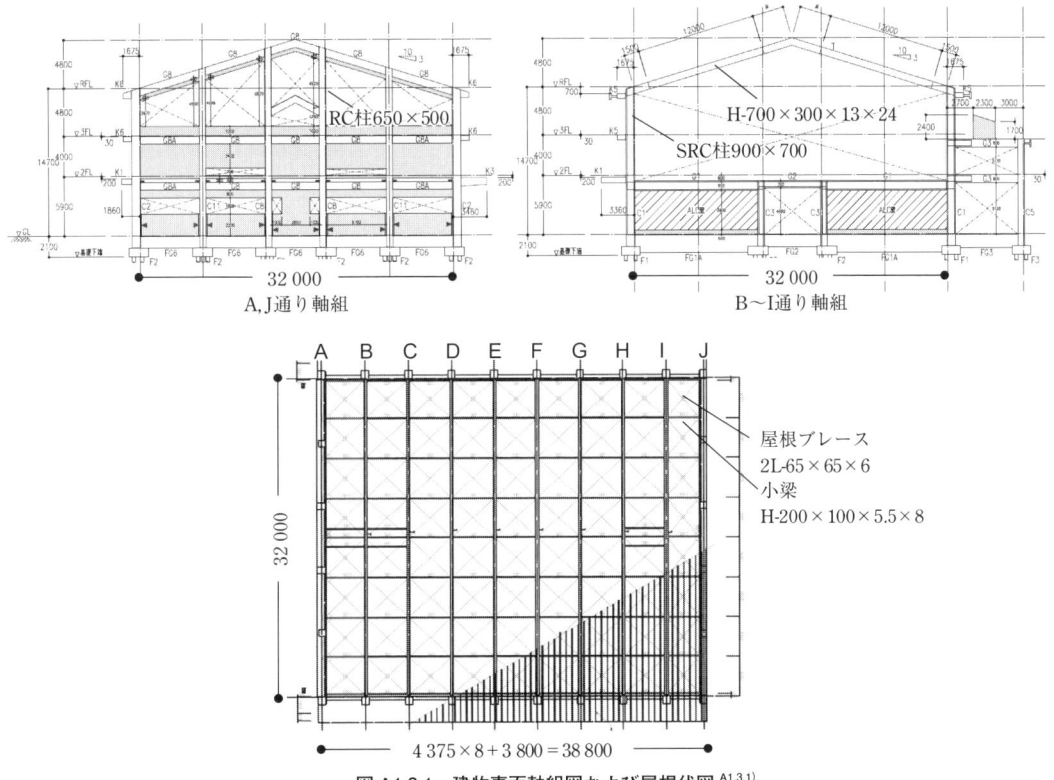

図 A1.3.1 建物妻面軸組図および屋根伏図 [A1.3.1)]

資料編

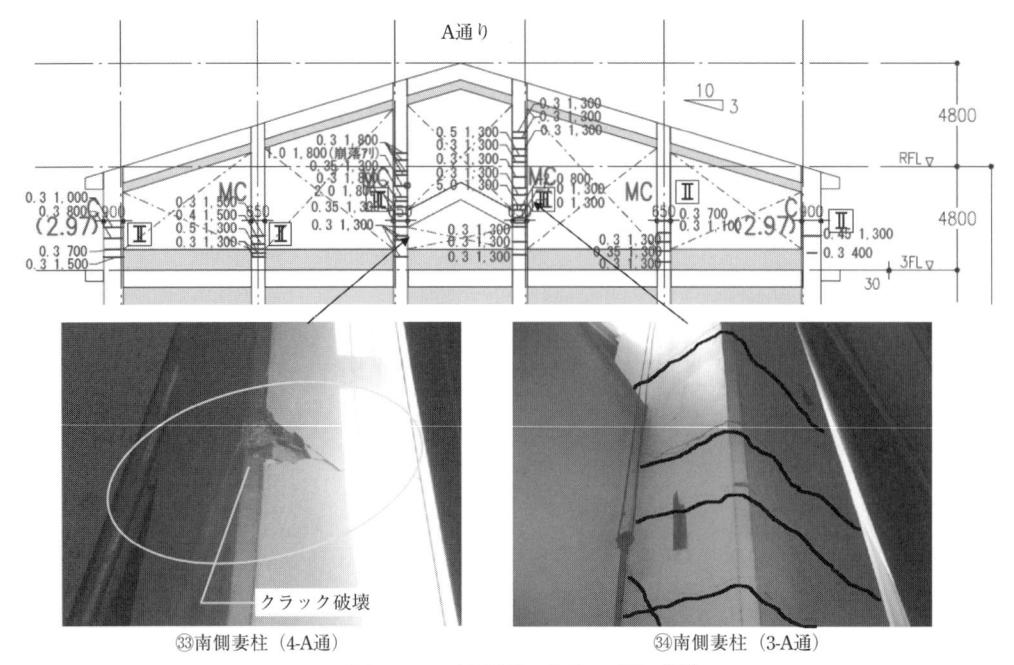

㉝南側妻柱（4-A通）　　　㉞南側妻柱（3-A通）

図 A1.3.2　妻面壁柱の曲げひび割れ [A1.3.1]

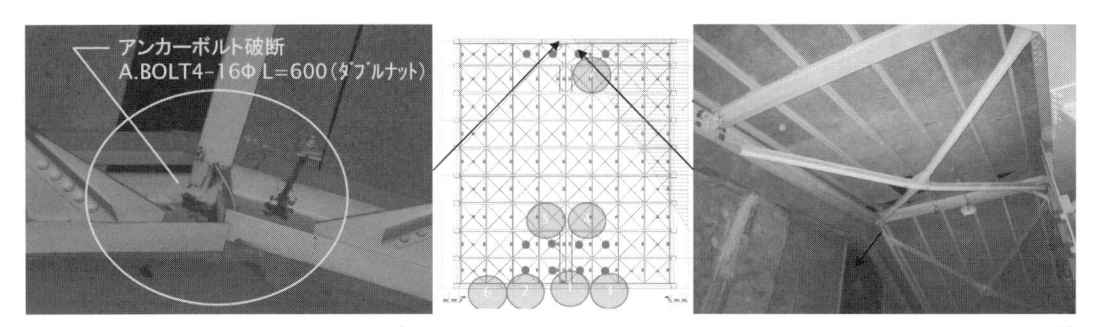

図 A1.3.3　アンカーボルトの損傷 [A1.3.1]

図 A1.3.4　屋根ブレースの座屈 [A1.3.1]

図 A1.3.5　エキスパンドメタル天井の落下 [A1.3.1]

して妻面架構の桁行き方向の面外応答，あるいは梁間方向のRC耐震壁付き架構と鉄骨架構との応答変形の差により屋根面に過大な圧縮力またはせん断力が加わったことが考えられる。天井パネルを支持していたフレームには横振れを拘束する斜め材はほとんど見られず，天井面の面内剛性も期待できないシステムであったため，これが天井フレームの損傷，落下に繋がったものと判断される。

屋根ブレースについては診断時の屋根面せん断耐力がI_{so}を上回っていたにもかかわらず損傷が発生した事がわかっている。これは，設計時に屋根ブレース検討用の屋根面せん断力がB，I通りの鉄骨架構とA，J通りのRC壁付架構の保有水平耐力の差分に対し設定されていたのに対し現実には両架構の剛性差により設定以上のせん断力が妻壁脇の屋根ブレースに伝達されたか，または妻面RC独立壁架構の面外応答によって屋根構面全体が圧縮力を桁行方向に受けたためと考えられる。

資料編

A1.4　茨城県 I 高校体育館

　I 高校体育館は 1997 年設計の比較的新しい県立高校体育館である。図 A1.4.1 に断面図および平面図を示す。支持構造は RC2 層の架構であり，1 階はスパン 32.6 m，桁行き 42 m の武道場として使用され，2 階に競技場が設けられている。屋根支持レベルまでは壁付き RC ラーメン架構が立ち上がり，その上に切妻形状の複層システムトラス屋根が設置されている。システムトラスは外周の通りごとに支承部が設けられ，4 隅部・桁行構面上はピン，妻構面上はアンカーボルトのルーズホールによる構面外方向ローラー構面内方向ピンとして施工されている。

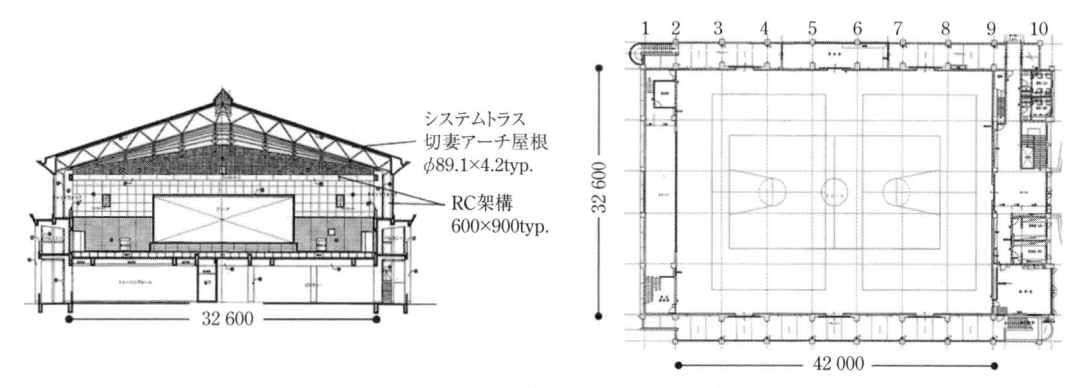

システムトラス
切妻アーチ屋根
φ89.1×4.2typ.

RC架構
600×900typ.

32 600

32 600

42 000

図 A1.4.1　建物断面および平面図

　被災状況を図 A1.4.2 および図 A1.4.3 に示す。多くの支承部でアンカー定着部の被りコンクリートが大きく破壊し，剥離・落下する被害が生じた。特に支点反力の集中する 4 隅部および妻面の支承の被害が顕著であった。4 隅部では柱頭が完全に破壊された個所もあり，屋根部の応答が集中したことが推察される。一方，2 通りの妻面支承部では図 A1.4.3 右下写真に見るように，支承部アンカーボルトがルーズホールで 30 mm 程移動した跡が観察されたが，その隙間が残ったまま図 A1.4.2（c）に見るようにすべての定着部が損傷し，アンカー定着部がルーズホールの滑り反力にも耐えられなかったことが推察される。支承部ベースプレートの均しモルタルは設計上の厚みが 50 mm となっていたが，実際には 100 mm を超える場所も散見され，これら無筋のモルタル部の割れが RC 躯体部まで伝播しているところも数多く見られた。また，妻面の支承部破壊が側面部より顕著であり，垂壁・妻面壁が面外方向に応答変位し，これが妻面支承部の破壊に繋がった可能性が示唆される。舞台上部の RC 垂壁 2-妻壁通り間を繋ぐ RC 梁には引張りひび割れが観測され，上記の仮定を支持している。一方，システムトラス屋根部材自身には損傷・座屈は観察されなかった。

A1 鉄骨置屋根構造の地震被害

(a) 内観全景

(b) トラス支点のコンクリート破壊

(c) トラス支点のコンクリート破壊

図 A1.4.2 茨城県 I 高校体育館の内観と支承部の被災状況

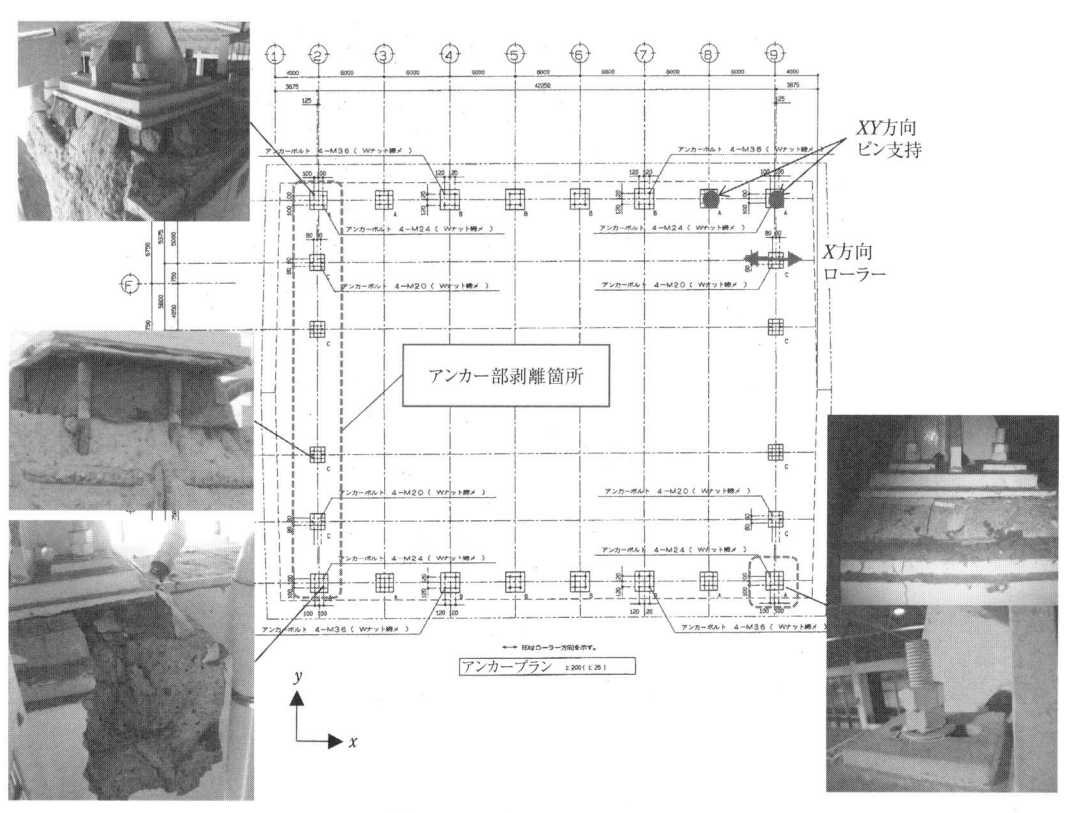

図 A1.4.3 茨城県 I 高校体育館の鉄骨屋根支承部被災箇所

A2　鉄骨置屋根支承部の実験例

A2.1　置屋根支承部の実験

A2.1.1　はじめに

2011年3月の東日本大震災においては，置屋根の体育館において鉄骨屋根版と鉄筋コンクリート造躯体を接合する支承部の被害が多発した[A2.1.1), A2.1.2)]。ここでは，空間構造の支承部を再現した試験体に繰り返しせん断力を与え，破壊挙動を再現した実験を紹介する。

空間構造の支承部は一般的な露出柱脚と類似の形式であり，鉄筋コンクリート躯体に埋め込まれたアンカーボルトを介して鉄骨屋根版と躯体を接合する。しかしながら，その支配的な応力と破壊モードは大きく異なる。

一般的な重層構造の柱脚では，支配的な応力は軸力と曲げモーメントであり，せん断力はベースプレート底面の摩擦力で支持されることが期待されている[A2.1.1)]。この場合モルタル層のせん断変形は小さい。一方，空間構造の支承部では鉄骨屋根版の自重により生じる軸力は一般に小さく，摩擦に期待できないためせん断力は直接アンカーボルトの支圧で支持される。したがって支配的な応力はせん断力である。またアンカーボルトのせん断変形に伴いモルタル層も変形する。

作用するせん断力の偏心により生じる曲げモーメントの負担方法には2種類ある。図A2.1.1（灰色は曲げモーメント分布を表す）に示すように，支承部まわりの回転剛性の高い鉄骨トラス構造では，せん断力に伴う偏心曲げを架構側で負担でき，アンカーボルト側をピンと仮定して設計しても支承部に大きな回転は生じない。一方，システムトラス構造など屋根側の回転剛性が低い場合には屋根接合部側をピンとし，アンカーボルト側で曲げを負担すると仮定して設計される。この場合ア

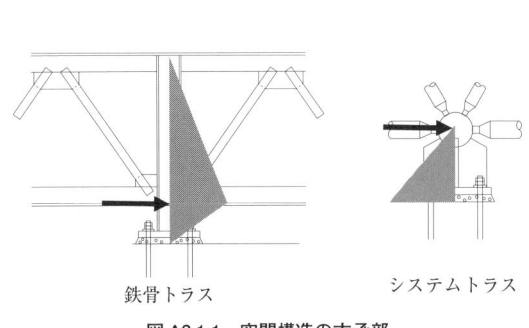

図A2.1.1　空間構造の支承部

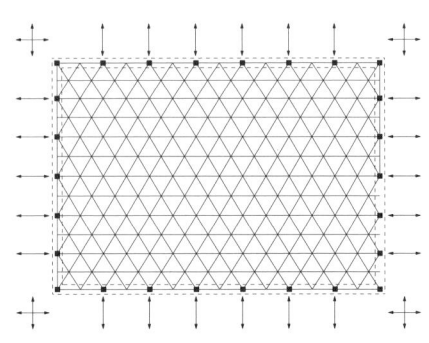

図A2.1.2　円筒シェル置屋根の支承スライド方向

ンカーボルトの伸びによる回転が生じやすい。

　さらに空間構造では，鉛直荷重による水平方向のスラストや温度変化による屋根版の伸縮を逃がすため，アンカーボルト孔をルーズホール（長孔）とし，ベースプレート下にテフロンパッドとステンレスシートを敷いて支承部を滑らせるスライド支承が多用される。スライドさせる方向は通常，屋根の裾梁の法線方向である。例として図 A2.1.2 に円筒シェル置屋根構造における支承のスライド方向を示す。

　東日本大震災における主な被害は，アンカーボルトの破断，抜け出し，ベースモルタルの破壊，RC造躯体におけるアンカーボルト側方破壊である。今回の実験では，置屋根型の鉄骨空間構造に用いられるスライド支承とピン支承（以下，スライド機構のない支承をピン支承と呼ぶ）を再現し，鉛直軸力および水平方向の繰り返し漸増振幅強制変位荷重を与える。RC 部分のアンカーボルト側方破壊についてはすでに詳細な研究が行われている[A2.1.3], [A2.1.4]ため，RC 部分には十分な配筋と端あきを確保し，側方破壊を防止する。また年代の古い建物のアンカーボルトには伸び能力に乏しく破断しやすい切削ネジが用いられていることが多いが，今回は ABR 規格の転造ネジアンカーボルトを用い破断を防止し，モルタルの破壊に注目する。

A2.1.2　実験計画
(1)　実験装置
　図 A2.1.3, A2.1.4 に実験装置の全容を示す。アンカーボルトを埋め込んだ鉄筋コンクリートのボックスを PC 鋼棒で固定してその上に支承部を再現し，試験体上方にスライダーを用いて設置した鉛

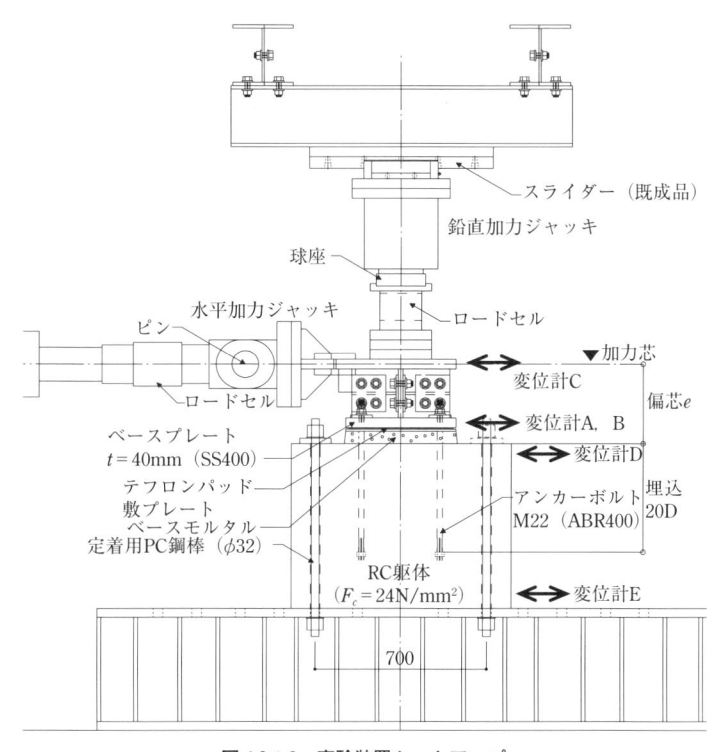

図 A2.1.3　実験装置セットアップ

直加力用ジャッキで鉛直荷重を与えつつ，水平加力用ジャッキで繰り返し漸増振幅強制変位を加える。鉛直荷重用ジャッキと試験体の間には球座を設置し，試験体の傾斜に対応する。水平加力用ジャッキヘッドにピンが存在するため，当実験はシステムトラスの支承部（図 A2.1.1）を模擬したものと言える。

図 A2.1.4 実験装置セットアップ

(2) 試験体

図 A2.1.5 に支承部試験体ベースプレートまわりの詳細，図 A2.1.6 にアンカーボルトを埋め込む鉄筋コンクリート部分の配筋，表 A2.1.1 に各試験体の名称と諸元を示す。パラメーターは加力芯から RC 天端までの偏心距離 e，ベースモルタル厚さ，鉛直荷重の大きさの 3 種類である。

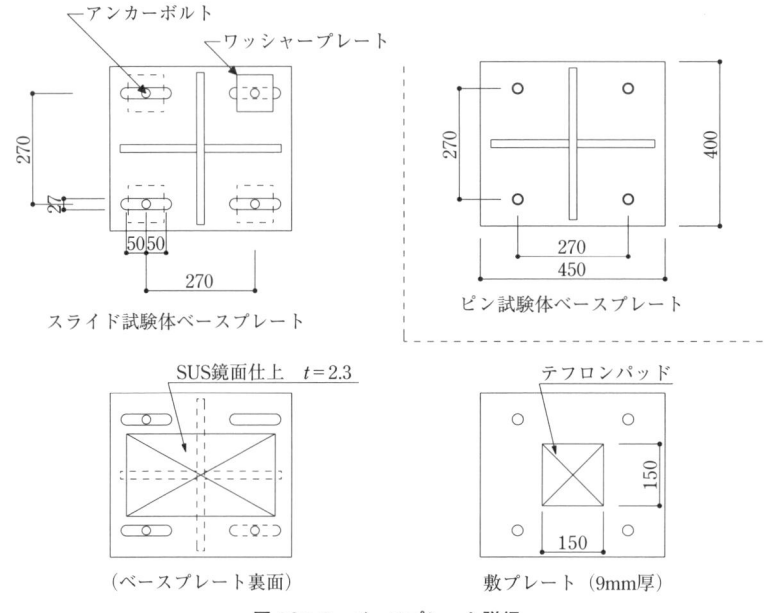

図 A2.1.5 ベースプレート詳細

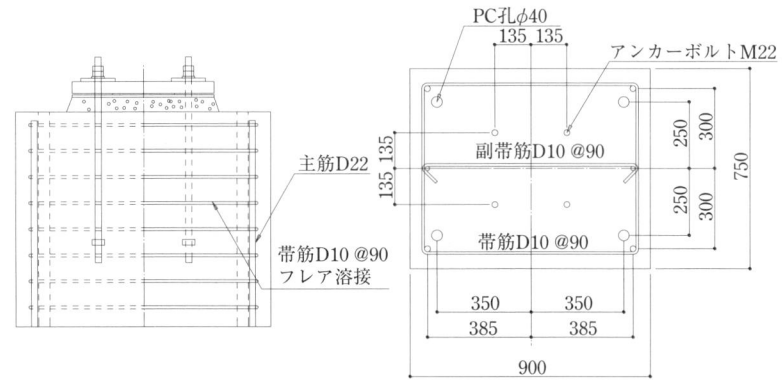

図 A2.1.6 鉄筋コンクリート部の配筋

A2 鉄骨置屋根支承部の実験例

表 A2.1.1　試験体

試験体	形式	アンカーボルト	偏心距離 e (mm)	ベースモルタル厚 (mm)	鉛直荷重 N (kN)	アンカーせん断耐力 P_{ys} (kN)	曲げ耐力 P_{yb} (kN)
S–325–50–100	スライド	4-M22	325	50	100	176	297
S–325–50–200	スライド		325	50	200	176	361
S–658–50–100	スライド		658	50	100	106	147
P–325–50–100	ピン		325	50	100	176	297
P–375–100–100	ピン		375	100	100	164	258
P–658–50–0	ピン		658	50	0	106	115
P–708–100–0	ピン		708	100	0	98	107

表 A2.1.2　アンカーボルト強度

鋼材規格	SNR400B
降伏強度 (N/mm²)	303
引張強度 (N/mm²)	431
伸び	32
YR	0.70

表 A2.1.3　コンクリート，モルタル強度

材料	材齢 日	圧縮強度 N/mm²	割裂強度 N/mm²
コンクリート	21	31.0	3.1
モルタル	17	54.2	3.4

　アンカーボルトは ABR400 規格（軸部鋼材 SNR400）の M22 を使用する．表 A2.1.2 に機械的性質を示す．鉄筋コンクリート部への有効埋め込み深さは設計施工指針[A2.1.5] に定められた最低長さの 440 mm（径の 20 倍）であり，先端に抜け出し防止ナットおよび板厚 12 mm × 70 mm 角の定着板を使用する．ピン支承ではベースプレートの孔径はアンカーボルト呼び径＋ 5 mm の 27 mm で，スライド支承のルーズホール長さは孔芯位置で ± 50 mm，幅 27 mm である．ルーズホールの抑えにワッシャープレート（SS400，PL-12-100 × 100）を使用する．試験体セット後，アンカーボルトのナットにトルクレンチで 70 Nm のトルクを導入する[A2.1.5]．スライド支承におけるこのような張力導入が実際の施工現場で実施されることはあまりないようであるが，ここではボルト締付力の基準として実施した．

　アンカーボルト以外で大きな変形を生じないよう，ベースプレート厚さは 40 mm，偏心曲げを受ける十字プレート厚さは 32 mm とし，十分な強度と剛性を確保する．

　ベースモルタルには早強タイプの無収縮モルタルを圧入する．鉄筋コンクリート部は側方破壊しないよう十分な端あき距離と帯筋を配置した．表 A2.1.3 にはコンクリートとモルタルの材料強度を示す．

　スライド支承では，ベースプレートとモルタルの間にテフロンシートを圧着した板厚 9 mm のプレートを敷き，接触するベースプレート裏面には 2.3 mm 厚のステンレスシートを断続溶接した（図 A2.1.5）．テフロンシートの摩擦係数公称値は 0.06 である．

(3)　計測と荷重

　変位計測位置は図 A2.1.3 に示す．機械式変位計を用いる．本研究では，ベースプレートの水平変位，支承回転角を式 (1)，(2) より定める．

$$\text{ベースプレート水平変位} = \frac{A+B}{2} - D \tag{1}$$

資料編

$$支承回転角 = \left(C - \frac{A+B}{2} - D\right) \div 変異計測点 A, C 間の距離 \tag{2}$$

ここで，例えば変位計 A の測定変位は A と表記した。

荷重はジャッキに装着したロードセルで計測する。最初に所定の固定荷重（100 または 200 kN）を鉛直加力用ジャッキで載荷して油圧をロックし，その後繰り返し水平加力を実施した。スライド支承の S–325 では鉛直荷重の変動は小さいが，回転量の大きいピン支承と S–658 では変動が大きい。なお，ピン支承で偏心の大きい P–658，708 試験体については，回転量が球座の許容範囲を越えることが予想されたため，鉛直加力を省略した。

水平加力は，式（1）のベースプレート水平変位が正負交番漸増繰り返し変位となるよう手動で制御したが，特にピン支承では回転が大きいため，鉛直加力ジャッキの球座の可動範囲を越えないよう状況に応じて試験体毎に振幅を調整した。

A2.1.3 繰返しせん断加力に対する挙動

(1) スライド支承の場合

スライド支承 3 体の水平荷重と式（1）のベースプレート水平変位の関係を図 A2.1.7，水平荷重と式（2）の支承回転角の関係を図 A2.1.8 に示す。図 A2.1.9(a)〜(f) に S–325–50–100 の各段階における試験体の様相を示す。

1) S–325–50–100 および S–325–50–200 について

偏心が 325 mm と小さいこれら 2 つの試験体では，ルーズホール長さ以下の変位では，設計意図通り支承がスライドした（図 A2.1.9(a)）。しかしながら初期の水平荷重は概ね 40 kN 付近であり，スライディングパッドの摩擦係数から期待される 6 kN（S–325–50–100），12 kN（S–325–50–200）を大幅に上回った。これは前述のトルクレンチを用いたアンカーボルトの締め付けにより，ベース

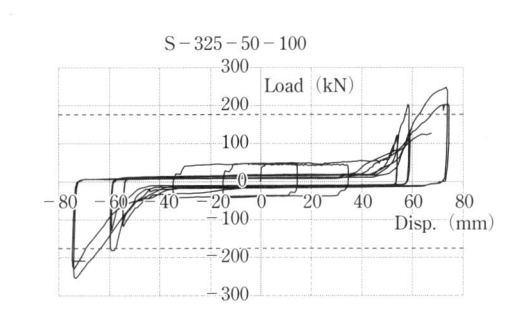

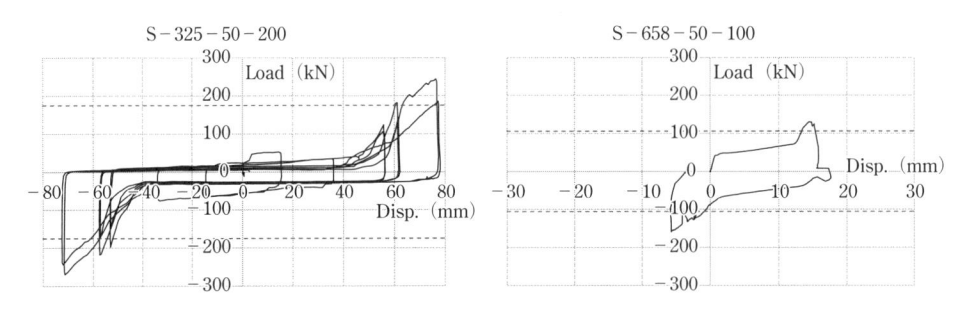

図 A2.1.7 水平荷重とベースプレート水平変位の関係（スライド支承）

A2 鉄骨置屋根支承部の実験例

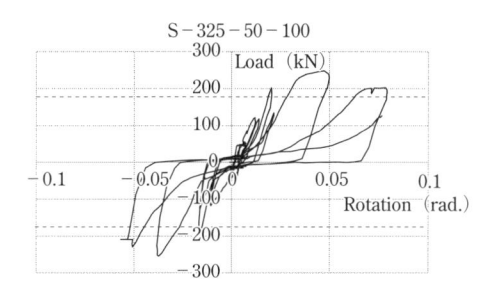

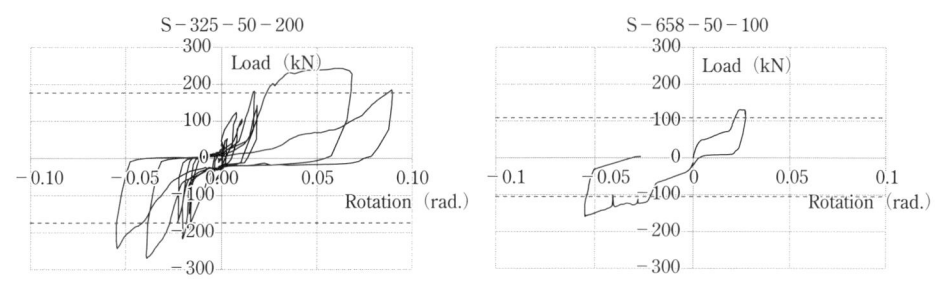

図 A2.1.8 水平荷重とベースプレート回転角の関係（スライド支承）

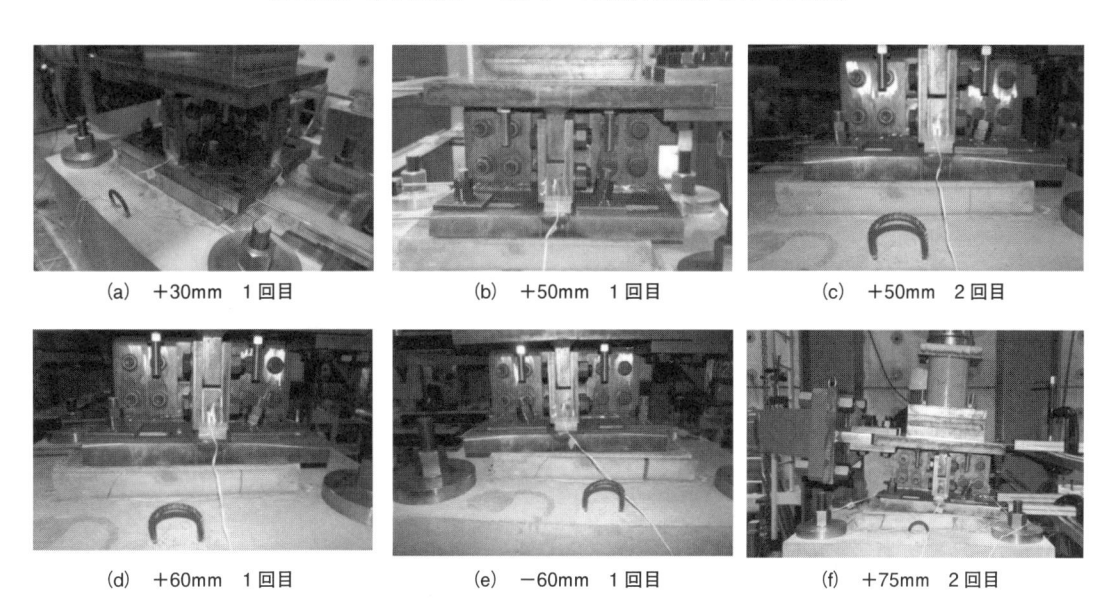

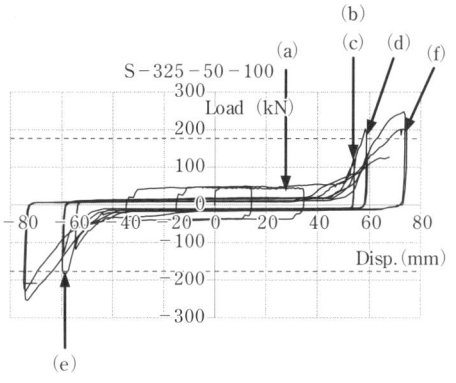

(a) ＋30mm　1回目
(b) ＋50mm　1回目
(c) ＋50mm　2回目
(d) ＋60mm　1回目
(e) －60mm　1回目
(f) ＋75mm　2回目

図 A2.1.9 スライド支承（S-325-50-100）の挙動

プレート上面とワッシャープレートの間に生じた摩擦によるものと推定される。実際，アンカーボルトに塑性伸びが生じると水平荷重は前述の想定値付近まで低下した。

ルーズホール端に接触した後，アンカーボルトは傾斜して（図 A2.1.9(b)）せん断と曲げによる塑性変形を生じ，若干の抜け出しを生じた。±75 mm の振幅で，球座の変形角がほぼ限界に達したため加力を中止した。

モルタルは，アンカーが穴縁に接触するまでは無損傷であったが，接触後にアンカーボルト側面の位置に引張によるひび割れが生じた後（図 A2.1.9(c)），アンカーボルトから外側のモルタルがアンカーボルトの変形により押し出され（図 A2.1.9(d)，(e)），かつベースプレートの回転により徐々に圧壊し，最終的には東日本大震災の被害例[A2.1.1)]と同様に粉々になった（図 A2.1.9(f)）。しかしながら試験終了後ベースプレートを取り除いて観察すると，アンカーボルトより内側のモルタルは健全で鉛直荷重支持能力の喪失は無いように見受けられる。

2） S–658–50–100 について

最初の ±15 mm 振幅の加力の途中，スライド部が引っ掛かり傾斜が生じた。正負反転の際に引っ掛かった部分がすべりを生じ，荷重変形曲線に凸部が生じた（図 A2.1.7）。その後負加力の途中でスライド部に再度引っ掛かりが生じ，逆方向への傾斜（図 A2.1.10）が生じる中で鉛直加力ジャッキより油漏れが生じ，加力を停止した。負加力時の引っ掛かりは，最初引張側アンカーのワッシャープレートとベースプレート上面の摩擦に始まり，ベースプレートが動かなくなると支承が傾斜し，スライディングパッド接触部が離間して浮き上がる，というプロセスをたどる。

東日本大震災ではルーズホールが設置されている支承部にも多くの被害が生じたが，アンカーボルトがルーズホール中央付近でとどまったまま，ベースプレート下のモルタルや鉄筋コンクリート躯体が破壊したものも散見される[A2.1.1),A2.1.2)]。このような破壊は，当実験で見られたように支承または躯体片持柱の柱頭部の回転によるルーズホールの引っ掛かりで生じた可能性がある。今後さらに詳細な検討が必要である。

図 A2.1.10 スライド支承（P–658–50–100）の引っ掛かりと傾斜

(2) ピン支承の挙動

ピン支承 4 体の荷重とベースプレート水平変位の関係を図 A2.1.11，荷重と支承回転角の関係を図 A2.1.12 に示す。偏心距離により挙動が大幅に異なり，曲げの影響が大きいことがわかる。図

A2 鉄骨置屋根支承部の実験例

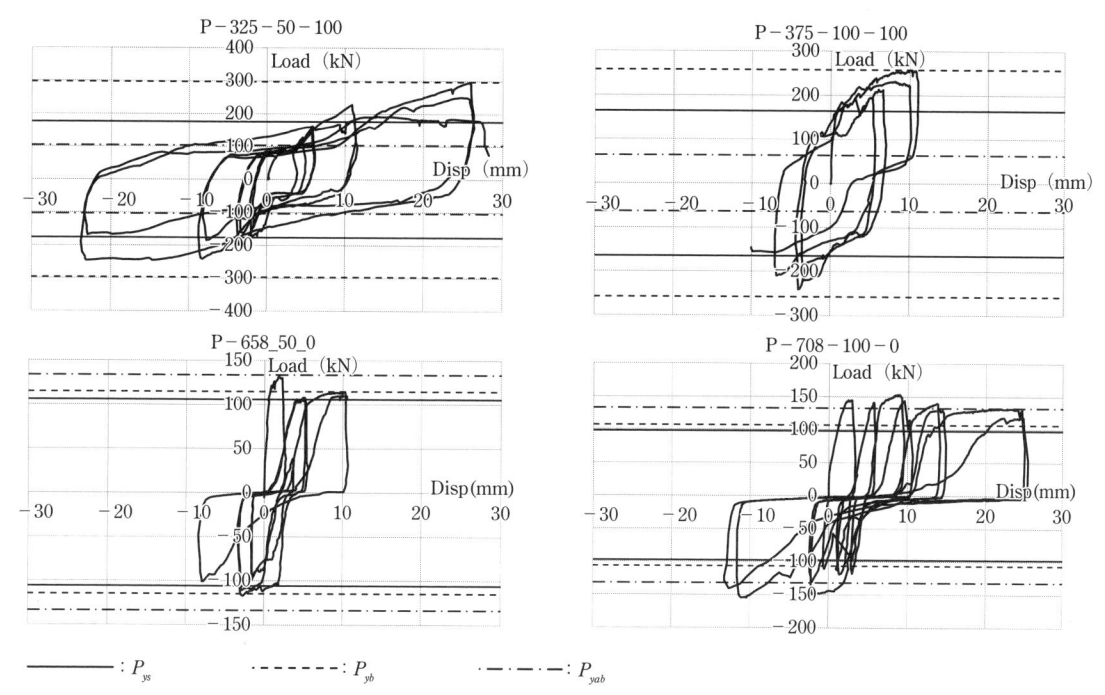

図 A2.1.11 水平荷重とベースプレート水平変位の関係（ピン支承）

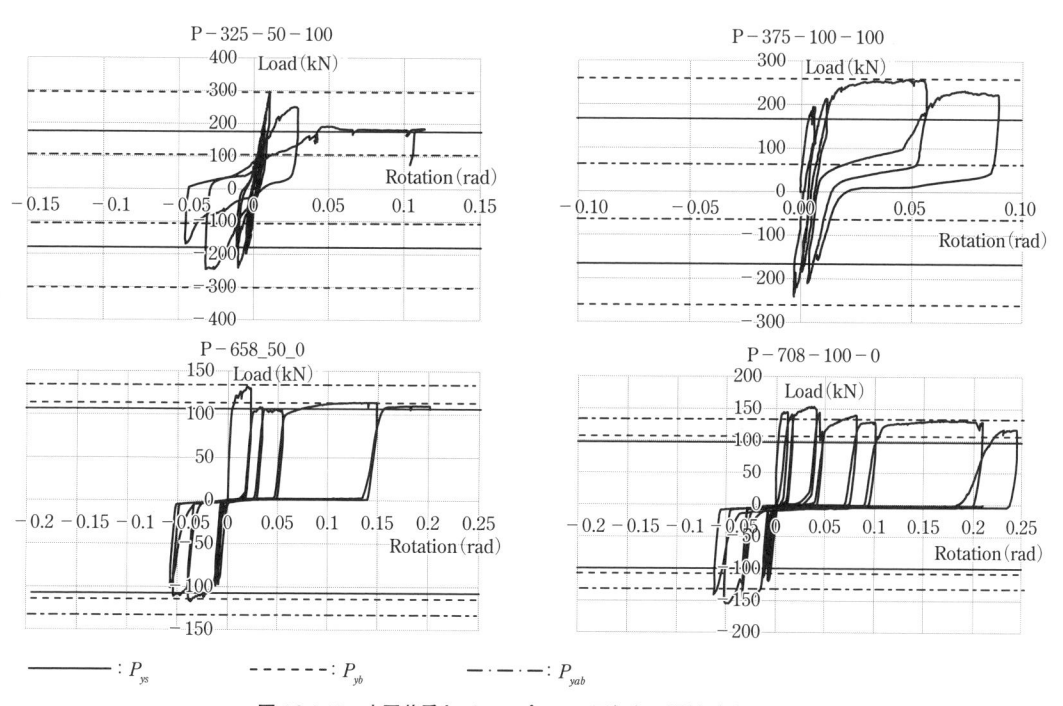

凡例：——— : P_{ys}　　- - - - - : P_{yb}　　-・-・- : P_{yab}

図 A2.1.12 水平荷重とベースプレート回転角の関係（ピン支承）

凡例：——— : P_{ys}　　- - - - - : P_{yb}　　-・-・- : P_{yab}

資料編

A2.1.13 ～ A2.1.15 に P–325–50–100，P–325–100–100，P658–50–0 の試験体の様相を示す。

　ピン支承は回転角が大きく，鉛直荷重を加えた P–325–50–100，P–375–100–100 試験体は球座の変形角が限界に達して加力を中止した。鉛直荷重を省略した P–658–50–0，P–708–100–0 試験体では予想通り最終的に 0.2 rad に及ぶ非常に大きな回転が生じ，引張側アンカーボルトの顕著な抜け出しを生じた。屋根の鉄骨が接合される実際の空間構造の支承部では，システムトラスといえどもここまで大きな回転は生じないと考えられる。また最初の正加力時に引張側になるアンカーボルト

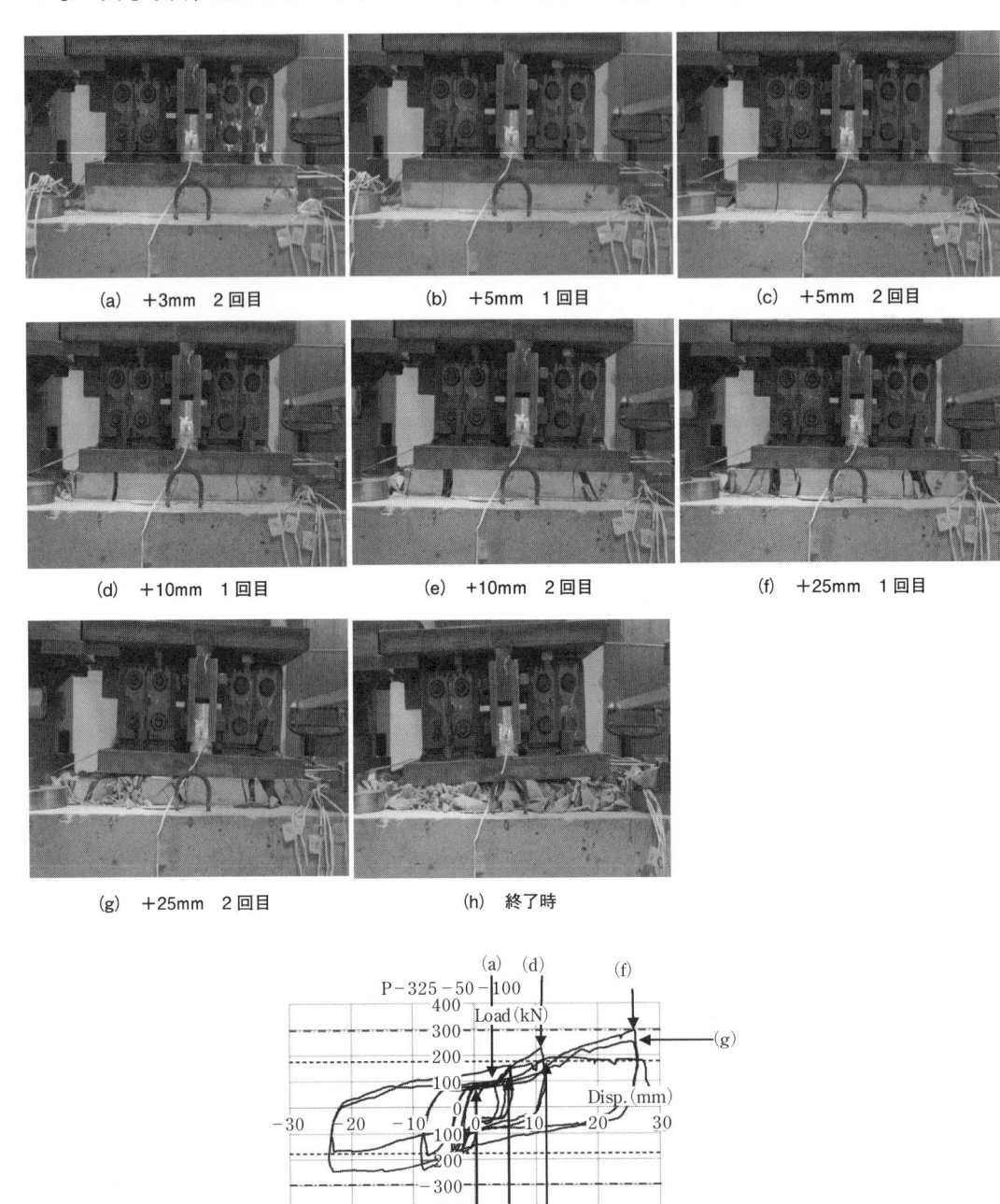

(a)　+3mm　2回目

(b)　+5mm　1回目

(c)　+5mm　2回目

(d)　+10mm　1回目

(e)　+10mm　2回目

(f)　+25mm　1回目

(g)　+25mm　2回目

(h)　終了時

図 A2.1.13　ピン支承（P–325–50–100）の挙動

に伸びが集中し，回転角に偏りが生じた。

P–325–50–100におけるベースモルタルの破壊は以下のように進行した。まずスライド支承のルーズホール接触後と同様に，ベースプレート水平変位5 mmでアンカーボルトの外側で引張による亀裂が生じた（図 A2.1.13 (a)，(b)）。水平変位10 mmではその亀裂が拡大してアンカーボルトから外側のモルタルがアンカーボルトの変形により押し出された（図 A2.1.13 (c)〜(e)）。水平変位25 mmでは押し出されたモルタルがベースプレートの回転より圧壊し（図 A2.1.13 (f)，(g)），最終的には地震被害と同様に周辺部のモルタルが粉々になった（図 A2.1.13 (h)）。

モルタル厚さ100 mmの場合（P–375–100–100）も，ベースプレート水平変位10 mmでモルタルには顕著な亀裂が生じた（図 A2.1.14）。また曲げによると考えられるモルタルとコンクリートの

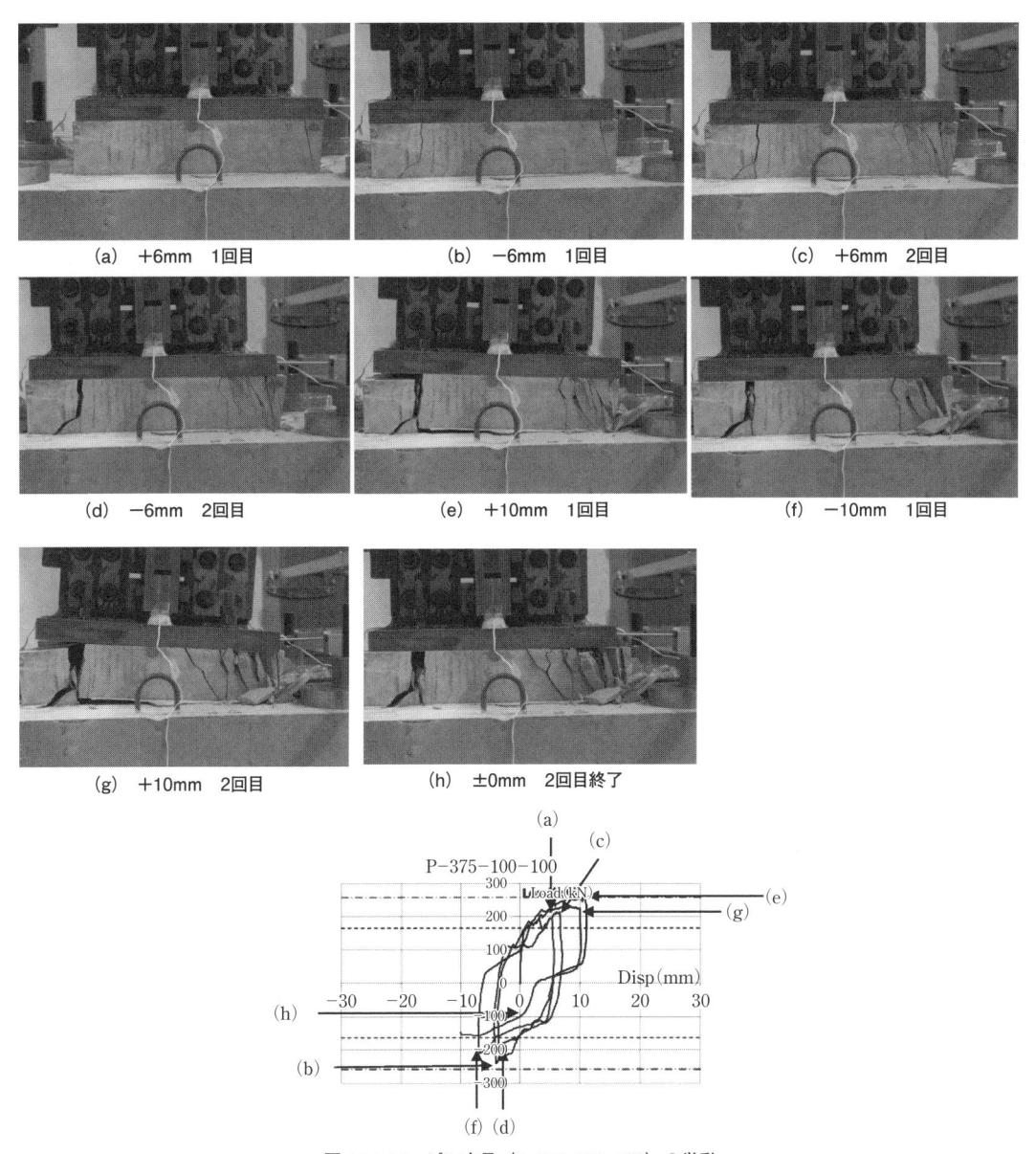

(a)　+6mm　1回目
(b)　−6mm　1回目
(c)　+6mm　2回目
(d)　−6mm　2回目
(e)　+10mm　1回目
(f)　−10mm　1回目
(g)　+10mm　2回目
(h)　±0mm　2回目終了

図 A2.1.14　ピン支承（P–375–100–100）の挙動

資料編

境界面の剥離や，モルタル周辺部の圧壊がモルタル厚さ 50 mm の場合（図 A2.1.13 (b), (c)）より顕著である．P–325–50–100 と比較して，同じベースプレート水平変位ではモルタル層のせん断変形角は小さいが，偏心が大きいため曲げモーメントの影響がより明確に現れたと考えられる．

一方，水平加力芯からコンクリートまでの偏心距離の大きな P658–50–0 では，アンカーボルトのモルタル層内のせん断変形より，アンカーボルトの伸びを伴う支承部全体の曲げ変形が支配的である．ここでは曲げに伴うモルタル外縁部の圧潰は見られるものの，中央付近のモルタルは健在で，かつアンカーより外側のモルタルの押し出し破壊も顕著でない．これより，モルタルの粉砕的な破壊の直接的な原因は，大きなアンカーボルトのせん断変形により外側に押し出されたモルタルの圧

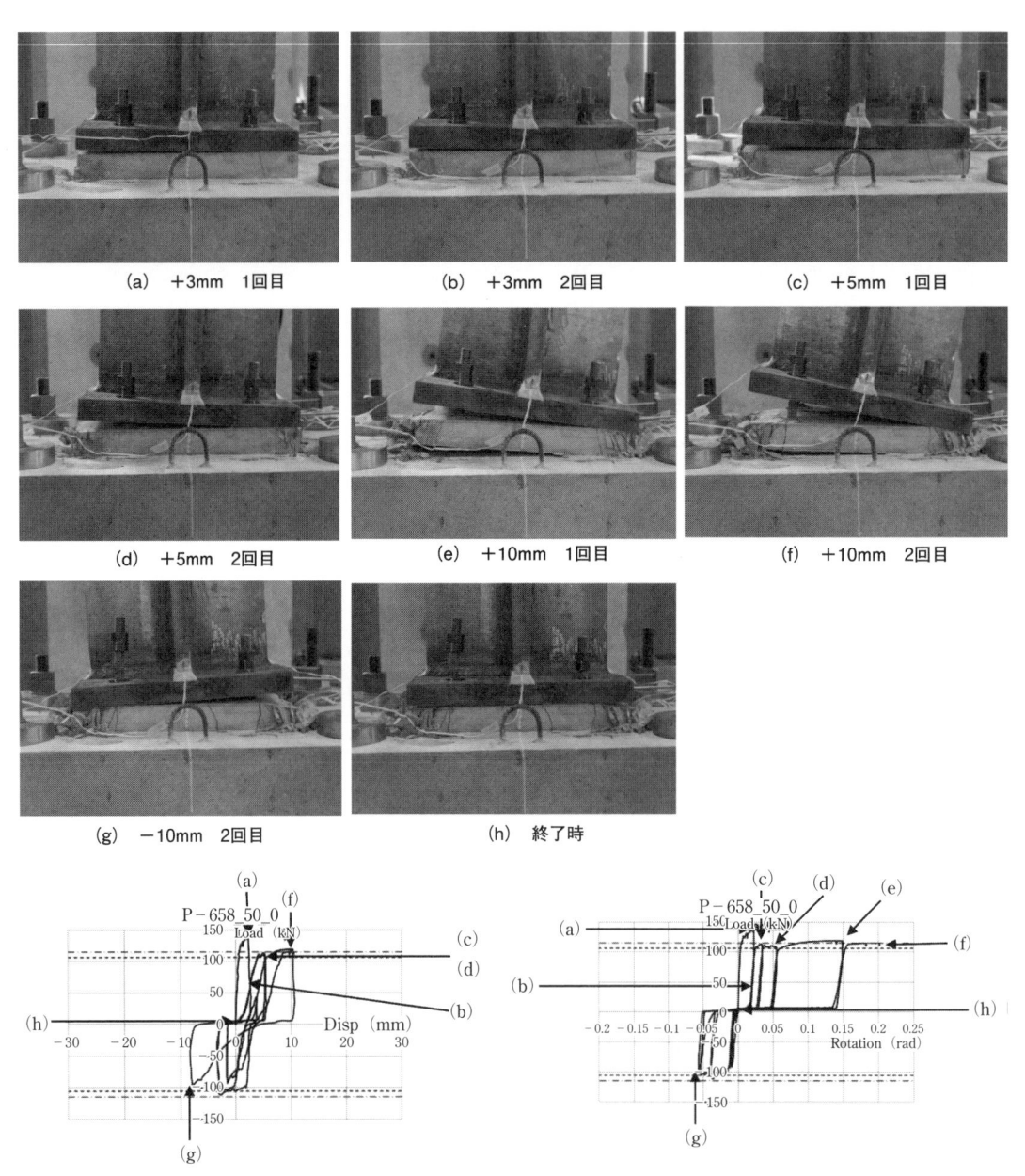

図 A2.1.15　ピン支承（P-658-50-0）の挙動

潰であると推定される。

A2.1.4 耐力の評価
(1) 鋼構造接合部設計指針[A2.1.6)]によるアンカーボルトのせん断耐力と支承の曲げ耐力

当実験における支承部では、せん断力の偏心による曲げはアンカーボルト側で負担する（図A2.1.1）。すなわちアンカーボルト4本のうち2本は引張力とせん断力を受けるとして耐力を算定する。水平加力芯よりRC天端までを偏心距離 e（図A2.1.3）とし、4本のアンカーが等しくベースプレートの孔縁に接触すると仮定する。

支承部に作用する水平力がせん断耐力 P_{ys} に達するとき、引張側アンカーボルト1本に作用する引張力 N_t は式（3）で表される。ここでは鉛直加力の影響を無視している。

$$N_t = \frac{1}{2} \cdot \frac{P_{ys} e}{j} \tag{3}$$

ここで j は、引張側アンカーの重心から圧縮側ベースプレート端までの距離とする。

アンカーボルト単体の降伏条件として式（4）を用いる[A2.1.6)]。

$$\left(\frac{N_t}{N_y}\right)^2 + \left(\frac{Q_t}{Q_y}\right)^2 = 1, \quad \begin{pmatrix} N_y = \sigma_y \cdot A_b \\ Q_y = \sigma_y/\sqrt{3} \cdot A_b \end{pmatrix} \tag{4}$$

Q_t は引張とせん断を受ける際の降伏時せん断力、N_y、Q_y はそれぞれ降伏軸力、降伏せん断力で、σ_y は降伏強度、A_b はアンカーボルト軸部断面積である。圧縮側アンカーボルトのせん断耐力は Q_y とすると、$P_{ys} = 2(Q_t + Q_y)$ であり、式（3）、（4）を用いて P_{ys} の算定式を得る。

$$P_{ys} = \frac{4Q_y}{\sqrt{1 + \frac{e^2}{3j^2}}} \tag{5}$$

一般的な露出柱脚では、せん断はベースプレート下面の摩擦で支持し、曲げによるアンカーボルトの軸降伏が先行するとして耐力を算定する。このような曲げ先行耐力 P_{yb} は、文献A2.1.6)により計算する終局曲げ耐力 M_u を e で除して求める。表A2.1.1に P_{ys}、P_{yb} の算定値を示す。全モデルで P_{ys} の方が低く、計算上耐力はアンカーのせん断で決まる。

図A2.1.6、A2.1.8の荷重変形関係の水平の実線が P_{ys}、破線が P_{yb} である。スライド支承の図A2.1.6については P_{yb} を省略した。耐力が P_{ys} を下回る試験体はなく、アンカーボルトのせん断と引張を考慮した式（5）は耐力評価式としては一応、妥当であると考えられる。しかしながら図A2.1.13、A2.1.14で見たように、式（5）の耐力に到達する時点でモルタルには既に顕著な損傷が生じ、アンカーボルトの塑性変形も大きい。設計や耐震改修の際は、アンカーボルトせん断耐力に十分な余裕を与えて支承部を設計することが必要である。

(2) モルタル層内のアンカーボルトの曲げ変形に関する考察

指針[A2.1.6)]ではアンカーボルトのせん断降伏を仮定しているが、実験の状況を鑑み、アンカーボルトがまずモルタル層内で図A2.1.16のようにS字型に変形し、上下に曲げヒンジが形成されると仮定する。このような曲げ変形を仮定したときの支承部の耐力 P_{yab} を試算し、実験結果と比較する。モルタル層内のアンカーボルトの傾斜角（近似的にモルタル層のせん断変形角）γ が比較的小さく

資料編

幾何学的非線形効果が無視でき，圧縮側アンカーボルト軸力は 0，引張側アンカーボルト軸力は N_b とする。

アンカーボルトの軸力 N_b と曲げ M_b の全塑性相関式を式 (6) で近似する。

$$\frac{M_b}{M_p} + \left(\frac{N_b}{N_y}\right)^2 = 1 \tag{6}$$

M_p はアンカーボルトの全塑性モーメントである。

式 (3) と同様，支承全体のモーメントのつり合いから

$$N_b = \frac{1}{2} \cdot \frac{P_{yab} e}{j} \tag{7}$$

鉛直荷重は無視し，ベースプレートとモルタル間の摩擦係数を μ とする。水平方向のつり合いは

$$P_{yab} = \frac{4(M_p + M_b)}{h} + 2\mu N_b \tag{8}$$

ヒンジ間距離 h ＝モルタル層の厚さとする。式 (6) 〜 (8) を用いて M_b を消去すると P_{yab} は式 (9) で表される。

$$P_{yab} = \frac{1}{2}\left\{-\left(\frac{j}{e}-\mu\right) + \sqrt{\left(\frac{j}{e}-\mu\right)^2 + 32\left(\frac{Z_{pb}}{A_b h}\right)^2}\right\} \frac{A_b h}{Z_{pb}} N_y \tag{9}$$

Z_{pb} はアンカーボルト断面の全塑性係数である。$\mu = 0.5$ とし [A2.1.6)]，計算した P_{yab} を一点鎖線で図 **A2.1.11**，**A2.1.12** の荷重変形関係上に示す。P325–100–50 に関しては，初期に荷重変形曲線が折れ曲がる付近の耐力をよく近似しているが，P375–100–100 に関しては過小評価を与える。また支承全体の曲げが支配的な P658–50–0 と P708–100–0 については，P_{yab} はアンカーボルトのせん断耐力 P_{ys} や支承全体の曲げ耐力 P_{yb} より高い。しかしながら，アンカーボルト自体の損傷を抑えるひとつの目安としては使えそうである。このようなアンカーボルトの曲げ変形は，今回のような上部構造が回転して支承側で曲げを負担する場合より，上部構造に曲げ剛性があり，モルタル層のせん断変形を生じやすい場合（図 **A2.1.1** の左側）により顕著となると予想される。更なる実験，研究が必要である。

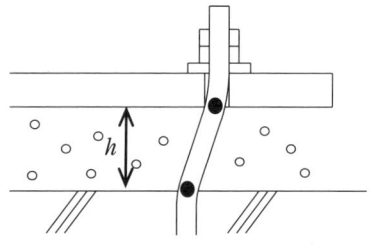

図 A2.1.16　アンカーボルトの曲げ降伏
（●：塑性ヒンジ）

A2.1.5　まとめ

東日本大震災で多くの被害が生じた鉄骨空間構造の支承部を再現し，繰り返しせん断加力実験を実施して耐力特性と破壊挙動を調べた。得られた知見を以下に示す。

① モルタルとアンカーボルトの破壊状況は地震被害報告と類似であり，ほぼ被害を再現できた。
② いずれの試験体の耐力も，式 (5) で算定したアンカーボルトのせん断耐力はほぼ満足した。しかしながら式 (5) の耐力に達する時点の変形でモルタルには顕著な損傷が生じる。
③ 偏心距離が 325 mm の試験体ではスライド機構が機能したが，658 mm の試験体では途中で引っ掛かり，その後は支承が移動せず回転が生じた。スライド支承に動いた形跡が見られず破

壊した被害例ではこのような現象が生じた可能性がある。

④　アンカーボルトに曲げ降伏ヒンジが生じるメカニズムについては，その耐力をアンカーボルトの損傷を防止するための指標として使用できるであろうが，実験との一致は不明瞭であり，今後の研究が必要である。

謝辞

本研究は工学院大学都市減災センター（UDM）の研究活動の一環として実施し，その支援を受けた。また鉄筋コンクリート試験体の設計に関して，工学院大学名誉教授　廣澤雅也 博士，同教授　小野里憲一 博士より貴重な助言を頂いた。以上ここに記して深謝を表す。

◎参考文献

第1章
1. 総則
- 1-1.1) 文部科学省：屋内運動場等の耐震性能診断基準，文教施設協会，2006.9
- 1-1.2) 日本建築防災協会：既存学校体育館等の耐震改修の手引と事例，2004.8
- 1-1.3) 日本建築学会シェル・空間構造耐震性能小委員会：学校体育館等の耐震性能設計ガイドライン（案），2008.3
- 1-1.4) 日本建築学会大会 PD 資料：体育館・公共ホールの地震被害と耐震改修，2005.9
- 1-1.5) 日本建築学会：学校体育館の耐震診断・改修方法の課題と取り組み，セミナー資料，2010.12
- 1-1.6) 日本建築防災協会：既存鉄筋コンクリート造建築物の耐震診断基準・同解説，2001.10
- 1-1.7) 日本建築学会：東日本大震災合同調査報告 建築編 3，鉄骨造建築物／シェル・空間構造，2014.9
- 1-1.8) 建築研究振興協会，東北耐震診断改修委員会：東日本大震災における鉄骨置き屋根構造の被害調査報告，2012.8
- 1-1.9) 日本建築学会：各種合成構造設計・施工指針，2011

2. 建物の調査
- 1-2.1) 日本建築防災協会：既存学校体育館等の耐震改修の手引と事例，2004.8

4. 想定地震力
- 1-4.1) 日本建築学会：建築耐震設計における保有耐力と変形性能（1990），1990.10
- 1-4.2) 柴田明徳：等価線形解析による非線形地震応答の解析に関する一考察，東北大学建築学報，第 16 号，pp.27-39，1975
- 1-4.3) 柴田明徳：最新 耐震構造解析 第 2 版，森北出版，2003
- 1-4.4) Newmark, N.M. and Hall, W.J.：seismic Design Criteria for Nuclear Reactor Facilities, Report No.46, Building Practices for Disaster Mitigation, National Bureau of Standards, U.S. Department of Commerce, 1973
- 1-4.5) 日本免震構造協会：パッシブ制振構造設計・施工指針（第 2 版）2008
- 1-4.6) Newmark, N. M. and Rousenblueth, E.：Fundamentals of Earthquake Engineering Prentice-Hall Inc．1971
- 1-4.7) 島崎和司：等価線形化法を利用した応答変位推定式による構造特性係数 Ds の評価，日本建築学会構造系論文集，No.516, pp.51-57，1999.2
- 1-4.8) 倉本洋，飯場正紀，和田 章：制振補強を施した既存鉄筋コンクリート造建築物の耐震診断法，日本建築学会構造系論文集，No.559, pp.189-195，2002.9
- 1-4.9) 水畑耕治：履歴曲線と累積損傷，地震荷重−その現状と将来の展望，日本建築学会，pp.174-211，1987
- 1-4.10) 建設省建築研究所，日本建築センター：設計用入力地震動作成手法技術指針（案），1992.3

5. 応答量推定と耐震性能評価
- 1-5.1) 日本建築学会：ラチスシェル屋根構造設計指針（仮称）
- 1-5.2) 日本建築学会：建築耐震設計における保有耐力と変形性能（1990），1990.10
- 1-5.3) 日本建築行政会議（監修），建築物の構造関係技術基準解説書編集委員会（編集），建築物の構造関係技術基準解説書（2007 年版）
- 1-5.4) 日本免震構造協会：パッシブ制振構造設計・施工指針（第 2 版）2008
- 1-5.5) 倉本洋，飯場正紀，和田章：制振補強を施した既存鉄筋コンクリート造建築物の耐震診断法，日本建築学会構造系論文集，第 559 号，pp.189-195，2002.9
- 1-5.6) 成田和彦，竹内 徹，松井良太：RC 妻面架構を有する鉄骨屋根体育館の耐震性能，日本建築学会構造系論文集，Vol.78, No.693, pp.1895-1904, 2013.11
- 1-5.7) 成田和彦，竹内 徹，松井良太：鉄骨屋根体育館における RC 片持壁付架構の応答評価，日本建築学会構造系論文集，Vol.80, No.708，2015.2
- 1-5.8) 加藤史郎，向山洋一，植木隆司：高ライズの単層ラチスドームの地震応答性状，日本建築学会構造系論文報告集，No.442, pp.101-109，1992.12
- 1-5.9) 加藤史郎，向山洋一：高ライズラチスドームの地震層せん断力係数に関する研究，日本建築学会構造系論文報告集，No.466, pp.87-95，1994.12
- 1-5.10) 鄭讃愚，山田大彦：アーチの地震時加速度応答分布特性 変位，加速度，縁応力または反力を判定基準とした分布特性，日本建築学会大会学術講演梗概集，B−1 分冊，p.859，2000.9
- 1-5.11) 山田大彦：空間構造の地震応答に及ぼす下部構造の影響に関する初歩的考察，第 10 回シェル・空間構造セミナー資料，日本建築学会構造委員会，シェル・空間構造運営委員会，pp.65-77，2001.11
- 1-5.12) 加藤史郎，小西克尚，中澤祥二，向山洋一，打越瑞昌：下部構造に支持された空間構造の振動解析用質点簡易モデル，構造工学論文集，Vol.48B, pp.37-47，2002.3
- 1-5.13) 加藤史郎，小西克尚：ラチスドームの Push-over analysis に基づく地震応答推定に関する一考察−−1 次モード支配型の空間構造に対する検討−，日本建築学会構造系論文集，第 561 号，pp.153-160，2002.11

参考文献

1-5.14) 小西克尚, 加藤史郎, 中澤祥二, 倉本 洋：ラチスドームの Push-over analysis に基づく地震応答推定に関する一考察 ――2つのモードが支配的な空間構造物に対する検討―, 日本建築学会構造系論文集, 第569号, pp.89-96, 2003.7

1-5.15) 竹内徹, 小河利行, 中川美香, 熊谷知彦：応答スペクトル法による中規模ラチスドームの地震応答評価, 日本建築学会構造系論文集, No.579, pp.71-78, 2004.5

1-5.16) 竹内徹, 小河利行, 中間明子, 熊谷知彦：弾塑性架構で支持されたラチスドームの地震応答評価, 日本建築学会構造系論文集, No.596, pp.49-56, 2005.10

1-5.17) 竹内明子, 山田聖志, 多田敬幸：単層円筒ラチスシェル屋根を有する鋼構造物の地震応答性状, 鋼構造論文集, 第6巻, 第23号, pp.91-98, 1999.9

1-5.18) 竹内徹, 小河利行, 山形英香, 熊谷知彦：支持架構付き屋根型円筒シェルの地震応答評価, 日本建築学会構造系論文集, No.596, pp.57-64, 2005.10

1-5.19) 竹内徹, 小河利行, 熊谷知彦, 調浩朗：等価な静的地震荷重による骨組膜屋根構造の応答評価－格子状シングルレイヤードームへの適用例－, 膜構造研究論文集, No.19, pp.9-16, 2005.12

1-5.20) 竹内徹, 小河利行, 佐藤英輔, 中間明子, 熊谷知彦：支持架構付きラチスドームにおける地震応答評価手法の適用範囲, 日本建築学会構造工学論文集, Vol.52B, pp.53-61, 2006.3

1-5.21) 山田聖志, 松本幸大, 加藤史郎：屋根型単層円筒ラチスの地震動による応答性状と静的地震荷重に関する考察, 鋼構造論文集, 第11巻, 第41号, pp.33-46, 2004.3

1-5.22) 鈴木泉, 竹内徹, 小河利行, 熊谷知彦：桁行き方向に地震動を受ける支持架構付き屋根型円筒シェルの地震応答評価, 日本建築学会大会学術講演梗概集, B-1, pp.753-754, 2006.7

1-5.23) 山田聖志, 松本幸大, 齋藤英二：単層円筒ラチスシェル構造物の連続体置換を用いた静的地震荷重設定法, 日本建築学会構造系論文集, No.610, pp.115-122, 2006.12

1-5.24) 竹内徹, 熊谷知彦, 調 浩朗, 小河利行：多層架構で支持されたラチス屋根構造の地震応答評価, 日本建築学会構造系論文集, No.619, pp.97-104, 2007.9

1-5.25) T. Takeuchi, T. Ogawa, T. Kumagai: Seismic Response Evaluation of Lattice Shell Roofs using Amplification Factors, Journal of the Int. Assoc. for Shell and Spatial Structures, Vol.48（2007）, No.3, 2007.12

1-5.26) 竹内徹, 熊谷知彦, 岡山俊介, 小河利行：ライズの高い支持架構付きラチスドームの地震応答評価, 日本建築学会構造系論文集, No.629, pp.11-19, 2008.7

1-5.27) 立道郁生：既往の振動計測に基づく空間構造物の減衰特性に関する研究, 日本建築学会技術報告集, 第20号 pp.87-, 2004.12

1-5.28) 竹内徹, 堤友紀, 熊谷知彦, 小河利行：制振部材を用いた鉄骨造学校体育館の耐震改修および屋根部の地震応答, 日本建築学会構造系論文集, Vol.75, No.656, pp.1891-1900, 2010.10

1-5.29) 竹内徹, 湯澤優登, 熊谷知彦, 小河利行：制振部材を用いた鉄骨造体育館における屋根面架構の耐震性能, 日本建築学会構造系論文集, Vol.76, No.669, 2011.11

1-5.30) 竹内徹, 西牧誠, 松井良太, 小河利行：山形鋼ブレースを有する鉄骨造体育館の地震被害分析および制振補強効果の検証, 日本建築学会構造系論文集, Vol.78, No.690, pp.1503-1492, 2013.8

1-5.31) 後藤裕晃, 元結正次郎 他：鋼製下地在来工法天井の動的性状 その1～5, 日本建築学会大会学術講演梗概集, B-1, pp.875-884, 2009.8

1-5.32) 川口健一 他：大面積吊天井の地震時応答解析 その1～2, 日本建築学会大会学術講演梗概集, B-1, pp.795-798, 2

1-5.33) 日本建築学会：天井等の非構造材の落下に対する安全対策指針・同解説, 2014

6. 耐震改修

1-6.1) 竹内徹, 髙松謙伍, 熊谷知彦, 小河利行：免震支承が挿入された支持架構付きラチスドームの地震応答評価, 日本建築学会構造系論文集, No.641, pp.1259-1266, 2009.7

1-6.2) 吉田道保, 竹内徹, 熊谷知彦, 小河利行：限界変形時の割線剛性を用いた免震ラチス屋根構造の地震応答評価, 日本建築学会大会学術講演梗概集（北海道）, B-1, 2013.9

第3章

3.1
3.1.1) 竹内 徹, 髙松謙伍, 熊谷智彦, 小河利行：免震支承が挿入された支持架構付きラチスドームの地震評価, 日本建築学会構造系論文集, 第74巻, 第641号

3.2
3.2.1) 成田和彦, 寺澤友貴, 松井良太, 竹内 徹：エネルギー吸収型支承を用いた体育館RC片持架構の応答制御, 日本建築学会構造系論文集, Vol.80, No.707, 2015.1

3.2.2) 日本建築学会：東日本大震災合同調査報告 建築編3, 鉄骨造建築物／シェル・空間構造, 2014.9

資料編

A1.3

- A1.3.1) 日本建築学会：東日本大震災合同調査報告 建築編 3，鉄骨造建築物／シェル・空間構造，2014.9

A2.1

- A2.1.1) 建築研究振興協会ほか：東日本大震災における鉄骨置屋根構造の被害調査報告，2012
- A2.1.2) 竹内徹：学校体育館の被災状況と被災後改修の実例，大空間施設の耐震性能を考える―東日本大震災を経験して―，2012年度建築学会大会 PD 資料，pp.40-59，2012.9
- A2.1.3) 浅田勇人，吉敷祥一，山田哲：鉄骨造露出型柱脚における鉄筋コンクリート基礎・アンカー系の側方破壊挙動，日本建築学会構造系論文集，第75巻，第654号，pp.1517-1525，2010.8
- A2.1.4) 浅田勇人，吉敷祥一，山田哲：鉄筋コンクリート基礎立上部に設置した引張ブレース付露出型柱脚のせん断抵抗能力，日本建築学会構造系論文集，第76巻，第665号，1347-1356，2011.7
- A2.1.5) 日本鋼構造協会：建築構造用アンカーボルトを用いた露出柱脚設計施工指針・同解説，2009.10
- A2.1.6) 日本建築学会：鋼構造接合部設計指針，2012
- A2.1.7) 山田哲，島田侑子，戸松一輝，白井佑樹，松本由香，長谷川隆，向井智久，竹内徹：繰り返し荷重を受ける鉄骨置き屋根定着部の実験，鉄骨置き屋根定着部に関する研究 その1，日本建築学会構造系論文集，pp.1687-1697，Vol. 79，No. 705，2014.11

おわりに

　東日本大震災では大型体育館などで多用されている鉄骨置屋根構造に多くの被害が発生した。鉄骨置屋根構造で造られている体育館などは，これから大きな地震が来るかもしれないと想定されている東京直下型，東海，東南海，南海の地域にも多数存在していると考えられる。体育館は避難の重要施設であり避難所の被害は被災者の生死を左右しかねない。

　そのようなことから，建築研究振興協会東北分室（室長　田中礼治）の東北耐震診断改修委員会（委員長　柴田明徳　東北大学名誉教授）では東日本大震災後，鉄骨置屋根構造に関して鉄骨置屋根構造耐震検討WGを設け被害調査を行った。被害調査結果については「東日本大震災における鉄骨置屋根構造の被害調査報告」としてまとめ，2012年8月30日に日本建築学会ホールにて被害報告会（建築研究振興協会，建築研究開発コンソーシアム共催）を行った。その後，鉄骨置屋根構造の研究は建築研究開発コンソーシアム「鉄骨置屋根構造の耐震性能に関する研究会」（委員長　柴田明徳　東北大学名誉教授）に引き継がれ，被害分析，耐震診断の進め方などについて検討を加えてきた。検討結果を「鉄骨置屋根構造の被害分析および耐震診断の進め方」として報告書にまとめ，2013年9月に建築研究開発コンソーシアムにおいて報告会を行った。その後，被害分析に基づいて耐震診断および耐震改修の方法ならびに計算例などについても検討を行い，2015年3月30日に「2014年度鉄骨置屋根構造に関する研究会報告書」として取りまとめた。本書は本報告書を抜粋し，加筆修正したものである。

　多分，多くの体育館はすでに耐震診断，耐震補強を終了しているかもしれない。本報告に示した被害について検討済であろうか。もし検討していないとしたら，早急に再検討が必要である。地震は待ってくれない。再検討は早いに越したことはない。鉄骨置屋根構造について不明なことがあったら，東北耐震診断改修委員会の方にご連絡いだきたい。

　最後になったが，鉄骨置屋根構造に関する検討は，日本建築学会シェル・空間構造運営委員会，建築研究振興会東北耐震診断改修委員会，被害調査に貴重な時間を割いていただいた東北地方・北関東の構造関係の方々，日本権利句構造技術者協会東北支部および仙台建築構造設計事務所協会の皆様の一方ならぬご協力によるものである。ここに心より感謝したい。また，建築研究開発コンソーシアム「鉄骨置屋根構造に関する研究会」委員および事務局の皆様に重ねて深くお礼を申し上げ，まとめの言葉としたい。

鉄骨置屋根構造の耐震診断・改修の考え方　定価はカバーに表示してあります。

2015年9月10日 1版1刷発行

編　集	一般社団法人 日本建設技術高度化機構 鉄骨置屋根構造耐震研究編集委員会
〒108-0014	東京都港区芝5丁目26-20　建築会館4階 電　話　　　（03）（6435）4670 Ｆ Ａ Ｘ　　　（03）（6435）4671
発行者	長　　滋　　彦
発行所	技　報　堂　出　版　株　式　会　社
〒101-0051	東京都千代田区神田神保町1-2-5 電　話　営　業　　（03）（5217）0885 　　　　編　集　　（03）（5217）0881 Ｆ Ａ Ｘ　　　（03）（5217）0886 振替口座　00140-4-10 Ｕ Ｒ Ｌ　http://gihodobooks.jp/

日本書籍出版協会会員
自然科学書協会会員
土木・建築書協会会員
Printed in Japan

Ⓒ 一般社団法人日本建設技術高度化機構，2015

落丁・乱丁はお取り替えいたします。　　装丁 ジンキッズ　印刷・製本 昭和情報プロセス

JCOPY ＜(社)出版者著作権管理機構　委託出版物＞

本書の無断複写は著作権法上での例外を除き禁じられています。複写される場合は，そのつど事前に，(社)出版者著作権管理機構（電話：03-3513-6969，FAX：03-3513-6979，E-mail：info@jcopy.or.jp）の許諾を得てください。